LES LOIS DE PARKINSON

DU MÊME AUTEUR

chez le même éditeur

1 = 2 OU LES RÈGLES D'OR DE M. PARKINSON
LA LOI ET LES PROFITS
L'ART ET LA MANIÈRE DE FAIRE CARRIÈRE
LES LOIS DE Mme PARKINSON

C. NORTHCOTE PARKINSON

LES LOIS DE PARKINSON

Traduit de l'américain par Jérôme de Villehouverte

Préface d'Alfred Sauvy

ÉDITIONS ROBERT LAFFONT
PARIS

Les chapitres 1, 4, 7, 9, 14 et 15 sont extraits de *1 = 2 ou Les règles d'or de M. Parkinson* ; les chapitres 3, 5 et 6, de *La loi et les profits* ; le chapitre 8, de *L'art et la manière de faire carrière.*

Titre original : THE LAW

ISBN 2-221-01173-2
(édition originale :
ISBN 0-395-29131-3 Houghton Mifflin Company, Boston)

Pour Anne

Préface

« Va, tu peux dormir sur tes deux oreilles », a dit, un soir, Tristan Bernard, au buste de Molière, au cours de l'entracte d'une pièce « comique ». Consolez-vous, a-t-il ajouté à un arrivant tardif, vous avez manqué le premier acte, mais l'auteur aussi.

Bien vivant, beau vivant, bon vivant, M. Parkinson peut goûter le sommeil du juste, du si juste qu'il ne manque jamais sa cible, c'est-à-dire nous, ou plutôt... les autres.

Notre crainte fébrile, en cette fin de siècle accélérée, qu'il s'agisse d'une descente dans la neige, d'œuvres d'art, de progrès économique ou de « promenade » sur la route, c'est le dépassement. Etre dépassé, c'est mourir un peu. Seuls les hommes politiques peuvent se permettre d'appliquer des théories âgées d'un demi-siècle.

Dépassé, Parkinson ne l'est pas plus qu'Aristophane, que Rabelais, que Dickens ou Alphonse Allais. Assurément, nous avons quelques raisons de penser que les officiers de la Navy, qui ont opéré aux Falkland, avaient été recrutés sur des critères nouveaux, moins attachés que ceux de *1 = 2*, aux antécédents familiaux. Mais la *vis comica* de ce passage n'en est que plus intense. Et, par ailleurs, Parkinson semble avoir réglé le cérémonial 1983 d'une séance de l'Assemblée générale aux Nations unies (ainsi que du cocktail qui suit) et avoir prévu, trois ans à l'avance, l'effectif de tel nouveau service administratif, composé, au départ, d'une secrétaire à mi-temps. Quant aux maîtres de la Chine, ils peuvent se demander si leurs hommes d'affaires ont vraiment dépassé la phase « berger allemand » de leur carrière.

Est-il vrai que nous soyons, aujourd'hui, privés de sujets d'affliction ? Ce serait une situation si dramatique que nous n'y pensons qu'avec émotion, tout en rendant grâce à nos gouvernants de leur politique financière, si étudiée et si peu au point que nous nous hâtons d'en pleurer, pour ne pas être obligés d'en rire.

Les bureaux à eux seuls, la bureaucratie (que notre malthusianisme de langage refuse d'appeler la « burellenie », même lorsqu'elle se garde de commander) remplissent toujours, de façon satisfaisante, leur fonction de défoulement. Leur disparition, leur atrophie créeraient un vide dangereux, dans une société qui n'assure son équilibre que par de pesants contrepoids et arcs-boutants.

Personne n'ajoutera foi — et il aura tort — à cette histoire vécue avant la guerre et que je revis de temps à autre, dans le but de me rassurer :

Je le vois encore, ce secrétaire, vraiment général, de je ne sais plus quel organisme vital : tel l'homme orchestre, ou Dieu le père en personne, il faisait tout, répondait à tout, veillait sur tout, glaçant de terreur son entourage, à l'idée qu'il pourrait, un jour, être victime de quelque grippe... Ce fut bien pis : car ce Protée, mi-Frigoli, mi-Stakhanov, universel, indispensable, infatigable, indéracinable, incollable aussi, a été un jour... appelé à un autre poste.

Instruit sur place de ce drame, par un personnel atterré, je me suis retiré sur la pointe des pieds, en essayant d'imaginer d'autres catastrophes, propres à me faire oublier celle-ci. Quelques jours après, je suis, dans un moment de courage, revenu dans ce service, lequel m'a paru sans fièvre. D'une voix quelque peu tremblante, j'ai hasardé un « Par qui votre secrétaire va-t-il être remplacé ? » Et l'agent interrogé, dépourvu d'ailleurs de tout humour, m'a répondu simplement : « Il est question de supprimer le poste... »

« La nature a horreur du vide », a-t-on annoncé, au temps de Pascal, sauf erreur. Cette affirmation a été complétée un peu plus tard par un « ... jusqu'à un certain point », à la vue du tube que le mercure se refusait à combler. Une inaction totale de l'appareil administratif ne serait pas plus *naturelle*, du moins si l'on s'en rapporte à la réponse de Jean-Paul II à la question d'un journaliste curieux : « Combien de personnes travaillent dans les bureaux du Vatican ? » Sans quitter sa bonhomie, ni sans doute son infaillibilité, le saint-père a répondu : « Pas loin de la moitié.»

Analyser Parkinson ? La réponse logique à une telle question serait : « Vous voulez rire ! »

Il y a un siècle et demi environ, Auguste Comte a établi une sorte d'inventaire du possible scientifique et de l'inaccessible. « Nous découvrirons encore bien des secrets de la nature, a-t-il annoncé, mais il restera toujours des domaines impénétrables, hors de notre entendement. » Et de citer en exemple la connaissance des corps simples qui entrent dans la composition chimique des étoiles. Mais, peu de temps après, la perfide spectroscopie a percé ce mystère éternel.

Seulement, pour analyser Parkinson, nous ne disposons pas du spectroscope approprié ou, ce qui revient à peu près au même, chacun de nous en a un, pour son usage personnel.

Avant d'aller plus loin, je me mets à l'aise : Il est de bon ton, en abordant le sujet, d'établir des distinctions, de définir une terminologie rigoureuse : *Rire, comique, esprit, humour, etc.*, donnent alors lieu à des délimitations si subtiles qu'il est bien difficile, ensuite, de les respecter et que le lecteur ne suit pas toujours fidèlement. Ne me hasardant pas sur ce terrain, je compte sur le sens général de la phrase, sur l'indulgence aussi du lecteur, pour me faire comprendre. Les bornes de ciment viendront quelque jour.

Et maintenant, ainsi dégagés, lançons-nous dans le temps et dans l'espace.

Depuis Homère, Hippocrate et Platon, et, sans doute, bien longtemps avant eux, les hommes se sont demandé pourquoi ils riaient ; peut-être même, dans les cavernes, commentaient-ils les traits qu'ils se lançaient. Malheureusement, en dépit de leur perspicacité, qui dépasse parfois notre entendement, nos préhistoriens sont encore, sur ce point, d'une grande discrétion.

Qu'allons-nous, d'ailleurs, chercher si près de nous ? Selon un auteur britannique du XIe siècle, il nous faudrait remonter à la création elle-même, puisqu'il fait dire à Eve, s'adressant à Adam : « Je vais te faire rire ! » La Bible est toutefois très discrète sur cet épisode, s'étendant davantage sur la suite, beaucoup moins drôle, assurément.

Parmi ceux qui, bien plus tard, se sont hasardés sur le sujet, nul ne s'est mieux exprimé, peut-être, que L. Joubert, médecin ordinaire du roy de Navarre, « premier docteur regeant » dans son *Traité du ris, contenant son essance, ses causes et mervelheus essais, curieusement recherchés, raisonnés et observés* (1579). Le lecteur aura d'ailleurs l'occasion d'en juger à la fin de cette préface.

Deux siècles plus tard, Poinsinet de Sivry [1] établit une curieuse distinction :

« De cette joye raisonnée, viennent deux sortes de ris : l'un est pur, innocent, modeste et tient de la candeur ; l'autre touche de près au vice et suppose, dit-on, un mélange, plus ou moins sensible, de plaisir et de méchanceté. »

Chacun pourra dégager de Parkinson la conclusion

---

1. *Traité des causes physiques et morales du rire, relativement à l'art de l'exciter*, 1768.

qu'il voudra. Je me contente de déclarer, sans oublier en rien Cavanna, que j'ai pris, à la lecture de Parkinson, un plaisir consommé, sans avoir jamais eu conscience d'être méchant, non plus que lui.

J'en passe et des plus subtils.

Par sa brève formule du « mécanique plaqué sur la vie », Bergson (dont la théorie ne conserve qu'à la faveur de la rareté des essais une place de choix) a-t-il fait accomplir des progrès à la question ? On peut en douter.

Quant à Freud, qui n'était pas sans humour, il a écrit : « L'humour ne se résigne pas, il défie. Il implique un triomphe, non seulement du moi, mais encore du plaisir qui trouve moyen de s'affirmer, en dépit de réalités extérieures défavorables [1]. »

Par ailleurs, il a mis en valeur l'angoisse du moi et la sévérité du surmoi. Si claires que soient ces idées de refoulement et de libération, ces vues nous laissent cependant sur notre faim.

Depuis un demi-siècle, nous avons vu paraître, en langue française, des dizaines d'ouvrages sur la gestion des entreprises, ou sur le problème monétaire international, des centaines, sans doute, sur la sexualité ou sur la petite histoire, des milliers de « polars », etc. ; mais, sur le rire ou l'humour, les œuvres nouvelles se comptent sur les doigts, peut-être d'une seule main, y compris l'excellent et inattendu *Le Rire, suite*, de Jean Fourastié. Ce qui pourrait, un jour, devenir une science ne s'enseigne même pas comme un art. Sans doute, la question doit-elle être incidemment évoquée, dans son cours, par quelque professeur d'université, mais il n'y a jamais eu de chaire sur le sujet, au Collège de France, pas même celle de... Bergson. Seule, jusqu'ici, la Bulgarie...

Les philosophes et écrivains qui se sont, ne disons pas égarés, mais hasardés sur le sujet, semblent avoir été poussés par un besoin momentané de diversion ; mais

---

1. *Le Mot d'esprit et ses rapports avec l'inconscient,* collection « Idées », Gallimard, 1928.

chacun n'a exploré qu'une part infime de ce domaine immense, aux ramifications déconcertantes.

Par quelles tortures de ses propres tourments, Baudelaire a-t-il été amené à analyser les sources les plus fraîches du comique ? Il déclare avoir voulu se soulager, ajoutant que le Sage ne rit qu'en tremblant. C'est que le rire est pour lui, proprement satanique, ce qui nous vaut une page admirable sur le choc provoqué chez la toute virginale Virginie, par la vue d'une caricature. Le rire lui viendra un jour, à cette Jeune Parque.

En dépit de la disparité, de la discordance des vues exposées par les uns et les autres, se dégage une vue commune : il y a toujours, dans le rire, une question de supériorité.

Attention cependant : ces auteurs ne visent que les manifestations de caractère social, affectant des personnes ou des animaux. Nul ne s'est jamais moqué d'une plante ; par contre, nos convulsions ou notre léger mouvement de lèvres peuvent venir du seul sens de l'ouïe. La saveur d'un comique purement acoustique est d'ailleurs d'une haute qualité.

Ce Jacques Tati, dont tant de perles étincelantes sont malheureusement perdues pour l'humanité, du moins pour le spectacle, cet homme qui se refusait à peu près à recourir à la parole, songeait, au soir de sa vie, à cultiver spécialement cette forme de l'art. Nous n'avons que quelques fragments parmi lesquels celui-ci :

Dans la première partie de *Playtime* — un sommet — M. Hulot, seul dans une pièce nue et froide, s'assied successivement sur divers sièges de cuir, puis exerce sur eux une légère pression de la main ; par la diversité de leurs notes et leurs timbres, les sons rendus ont une portée puissamment comique et impénétrable.

Raymond Devos et les classiques du cirque utilisent, eux aussi, de façon irrésistible cet étrange pouvoir, jusqu'ici hors de raison.

Restons-en donc au social, domaine élu de Parkinson.

« Supériorité », dit-on ; encore faut-il préciser. Parlons, d'ailleurs, plutôt d'infériorité, car nous qui rions sommes toujours au-dessus.

Qu'il s'agisse de récit ou de vue, cette infériorité peut viser les trois personnes, au sens même de la grammaire. Elle peut concerner, en effet :

— la personne même qui s'exprime (en grammaire, la première personne, je) ;

— la personne ou le groupe interpellé (la deuxième personne, toi ou vous) ;

— un tiers ou un ensemble de tiers (la troisième personne, laquelle peut être un animal), forme particulièrement savoureuse chez Parkinson.

L'infériorité de la première personne, celle qui parle (ou, plus rarement qui écrit), est une façon de pénétrer un milieu, un auditoire réservé, sinon hostile, et de le gagner. Devant un auditoire à l'Hôtel de ville, où il était reçu après la Libération, Winston Churchill, conscient de quelques réserves à son endroit et désireux aussi de susciter l'indulgence vis-à-vis de sa connaissance insuffisante de notre langue, a trouvé les mots qu'il fallait ;

« Exquiousez mon maovais vrançais ; je n'ai pas parlé vrançais pendant quatre ans, car il y avait déjà suffisamment de catastrophes et je n'ai pas voulu en ajouter une autre ! »

Bernard Shaw excellait, lui aussi, dans le genre :

« Cela va de plus en plus mal ! Jésus-Christ est mort, Mahomet est mort, Napoléon est mort, et moi-même, je ne me sens pas très bien ! »

L'infériorité de la seconde personne, c'est l'arme de celui qui, au cours d'un débat, d'un duel verbal, entend mettre les rieurs de son côté ; c'est la « mise en boîte ». Le procédé, longtemps employé à la Chambre des députés, semble moins usuel à l'Assemblée.

C'est dans l'infériorité de la troisième personne que Parkinson est maître. Nous sommes au balcon ou aux fauteuils d'orchestre du guignol ; les personnages défilent, victimes de quelque faiblesse ou de leur suffisance.

Il n'est pas encore entré dans le domaine statistique, l'humour, du moins à ma connaissance. Les anthologies relèvent, jusqu'ici, de la paire de ciseaux plus que de la trieuse tabulatrice. Fragile virginité.

... de peur d'en pleurer. Non content des larmes qu'il va jusqu'à provoquer, le comique se plaît à côtoyer le drame. Au théâtre de Landerneau, si, par malheur, don Diègue perd sa perruque, au moment où il profère le « O rage, ô désespoir... », l'effet de détente est pleinement accompli.

Est-il des drames plus poignants que Phèdre ? Lisez cependant le savoureux sixième acte, loin de la vulgaire parodie, ajouté par le provisoirement oublié Tristan Bernard[1]... A aucun moment, vous ne verserez dans l'éclat, mais vous serez emporté et, au sens propre du mot ravi, comme vous le seriez à la lecture du sixième acte (dû au même humoriste barbu) de cette autre tragédie que sont les *Femmes savantes*, si le manuscrit pouvait en être retrouvé.

Elle est fort riche, la mine de l'humour noir, de l'humour féroce, voire macabre. La vue d'un cadavre nous saisit ; le second nous glace, mais le troisième, découvert au fond de l'armoire, ne nous détend que davantage.

Le contraste parfait, absolu et l'harmonie entre les deux extrêmes tiennent sans doute dans l'évocation suivante :

« Il était à la fois aveugle et paralytique et ne trouvait aucun avantage à la combinaison de ces deux infirmités. »

Si Parkinson n'a jamais exploité les pleurs ni l'angoisse, c'est que sa férocité n'en a pas besoin : dans ses traits les plus vifs, il s'est toujours retenu de nous faire trembler et cependant... ? L'ignorance des membres du conseil d'administration, président en tête, à l'égard de ce qu'est un réacteur, les milliards — résultat de nom-

1. *Soixante Années de lyrisme intermittent,* éditions littéraires de France, 1945.

breuses sueurs antérieures — ainsi engloutis par un vote léger ne pourraient-ils pas être matière d'affliction, d'amertume, d'indignation ! Et que penser de l'éviction d'office de ce candidat méritant, mais dont les relations ne dépassent pas les poissonniers de Cheapside ? Nous sommes ici des évadés, des volants sur tapis, des extraterrestres.

Bien des formes d'égalité, bien des uniformisations, sont envisagées dans la société, mais nos aptitudes à recevoir, à percevoir, à goûter sont plus diverses que jamais : l'effet produit par quelque trait dépend non seulement de la personne qui le reçoit, de son inclination, des antécédents aussi, mais de son entourage et son état d'esprit du moment. Le caractère « spirituel » d'une phrase, d'une réplique, varie largement selon le récepteur et de multiples circonstances.

Harpagon, dans son désespoir à la perte de sa cassette, s'écrie :

« De grâce, si l'on sait des nouvelles de mon voleur, je supplie que l'on m'en dise. N'est-il pas caché parmi vous ? Ils me regardent tous et se mettent à rire ! »

Mais, aujourd'hui, les spectateurs ne rient plus. Ce sont pourtant les mêmes termes, la même situation. Question de longueur d'onde.

L'auteur, l'acteur plus encore, doivent tenir compte de la sensibilité du récepteur. On cite le cas de cet acteur fameux qui devait annoncer dans une réplique, que telle grande souscription n'avait rapporté en six mois que la somme de 82,50 F. Le samedi soir et le dimanche en matinée, l'acteur changeait de chiffre et mettait 28,75 F. « Pour le public du dimanche, disait-il, 82,50 F n'est pas aussi comique que 28,75 F, il faut forcer un peu. » Ici, c'est l'émetteur qui changeait sa longueur d'onde. Dis-moi de quoi tu ris et je te dirai qui tu es.

Savoir administrer la dose convenable, efficace, est un art consommé.

Au théâtre, le public se sélectionne à peu près lui-même. Au cinéma, c'est le tout-venant, d'où l'obligation, pour le metteur en scène, ou le scénariste, d'arroser largement, avec diversité, en se fiant ensuite au calcul des probabilités.

Sans user d'aucun système, Parkinson diversifie spontanément, d'où une variété de jugements selon les passages, qui peut d'ailleurs se modifier, toujours dans le bon sens, à la seconde lecture.

Revenons à la supériorité, à notre supériorité, puisque nous sommes toujours du bon côté : elle nous laisse entrevoir que l'humour peut être, ou nous fournir, une façon de gouverner. Sans doute son appoint ne serait-il pas suffisant en soi : ni Daninos, ni R. Escarpit, ni même G. Elgozy ne m'en voudront, si j'écris qu'ils ne seraient pas tout à fait à leur aise, sur le trône de Margaret Thatcher ou de Helmuth Kohl. Difficile également à concevoir est la solution, par Art Buchwald, du problème du Nicaragua, ou de celui des taux d'intérêt. En revanche, l'appui de cette arme est parfois... souverain. N'est-ce pas grâce à elle que Nikita Krouchev a tenu huit ans un poste difficile parmi les difficiles, exercé, avec de tous autres moyens, par Ivan le Terrible ou Staline ? C'est grâce à elle aussi que W. Churchill a pu mener à bien, à travers ses brusqueries et incorrections, la conquête de ce V majuscule, qui l'a si largement dédommagé.

« J'ai ri, me voilà désarmé... » Gardons donc l'espoir de voir quelque humoriste génial amener, par le sourire, R. Reagan et Andropov à livrer leurs missiles à la Croix-Rouge.

Gardons-nous, cependant, de généraliser dans le monde politique, car il y a des réfractaires. M. Michel Debré (à l'égard duquel je conserve une indéfectible amitié), par exemple, a exercé le métier, assez astreignant, de Premier ministre et, plus tard, dirigé des secteurs sérieux, comme les Affaires étrangères, la Défense nationale et les Finances, sans recourir à aucune déridation, si j'ose dire. Mais inversement, ce caractère inflexible a curieusement été à l'origine d'un épisode, accusant bien les caprices de Momus.

Ceci se passait un peu après ce mois de mai 1968, où chacun a, selon le proverbe, fait ce qu'il lui a plu. Une conférence m'avait été demandée par les étudiants de la faculté d'économie de Lyon et je devais, précisément, leur parler du rôle social et politique de l'humour ; choix imprudent, je l'avoue, d'autant plus risqué que les esprits étaient assez tendus, m'ont déclaré les autorités à mon arrivée.

A juste titre. Pendant plus de vingt minutes, des traits éprouvés (choisis chez les meilleurs maîtres), qui, en d'autres occasions, avaient fait leurs preuves, ne provoquèrent pas la moindre détente. Une atmosphère glacée. « Une heure perdue, me suis-je dit, devant ma montre peu hâtive, à tout le moins, ne serai-je pas, comme tant d'arbitres de football, devant la nécessité de fuir vers le tunnel, dès le coup de sifflet final, sous la protection de la police.» Parvenu au milieu de mon exposé, j'ai poursuivi par la phrase prévue : « Si certains hommes politiques utilisent l'humour pour asseoir leur autorité, d'autres excluent totalement ce moyen. » Et de citer Michel Debré.

L'immense éclat qui a suivi m'a montré, une fois de plus, que les voies du rire sont aussi impénétrables que celles du Seigneur. A partir de ce moment, tout a porté et je n'ai pas eu besoin de tunnel.

Analyser Parkinson ; le passer au peigne fin ? Chercher les raisons de la déraison ? C'est plutôt la voie inverse qui a été cherchée. L'Américain M. Eastman a bien voulu livrer à l'humanité les secrets de l'humour, sous la forme des *Dix Commandements*. Sinistre... à en être drôle. Les Etats-Unis nous ont livré, depuis, des messages plus utiles.

Parmi les projets qui se pressaient jour et nuit dans son esprit, Jacques Tati, l'inépuisable, envisageait la scène suivante :

Une grande firme cinématographique a engagé plusieurs spécialistes, en leur demandant de trouver des gags tout-venant, à glisser quelque part. Certaines trouvailles scéniques ont, on le sait (par exemple, le paillasson des trois petits cochons de Walt Disney), rapporté une petite fortune à leurs auteurs.

Conscients de cette possibilité, les gagmen, réunis dans une pièce à cet effet, vont et viennent, en faisant des appels pressants à leur cerveau. Rien ne vient, mais sans rien trouver, ils s'énervent au point de multiplier leurs mésaventures, des... gags perdus.

Les chercheurs du C.N.R.S. prennent, m'a-t-on assuré, d'autres dispositions.

La machine à faire rire (le robot hilarant) sera la dernière à voir le jour ; encore ne pourra-t-elle être efficace qu'en accord, si l'on peut dire, en harmonie plutôt, avec la personne visée ; toujours la question de la longueur d'onde. Verra-t-on le marchand régler la machine, après quelques essais sur son client ? Peut-être le « patient » lui-même ou quelque ami, le conjoint peut-être, se chargera-t-il de cette opération, d'autant plus délicate qu'une nouvelle audition, ou un nouveau spectacle, nécessiterait une mise au point. Automatisme ! Peut-être aussi. Pour le moment, nous avons heureusement une incomparable machine, qui s'appelle Parkinson.

Ayant cité plus haut le Dr Joubert, je terminerai sur lui, en priant le lecteur d'excuser les termes, puisque, sans être du latin, ils sont un peu loin de nous. Ayant décrit les divers essais physiologiques de la gaieté, le médecin du roy se demande : « D'où vient qu'on pisse, fiante et sue, à force de rire ? » On s'amusait donc bien, en ce temps. Qui donc a dit que nous ne savions plus nous... exprimer ?

ALFRED SAUVY

Avant-propos

A l'époque de sa première édition, la loi de Parkinson eut un impact considérable et suscita de nombreux débats. Les lecteurs prirent conscience de certaines caractéristiques humaines qui n'avaient jamais été précisément décrites jusqu'alors. Des faits notoires s'imbriquaient dans un nouveau schéma d'analyse et beaucoup se sentirent soulagés en constatant que des idées qui leur étaient vaguement présentes à l'esprit depuis longtemps avaient enfin trouvé leur expression. La loi de Parkinson était, souvenez-vous-en, non pas une invention mais une découverte. Et l'auteur pouvait, en toute modestie bien sûr, se sentir l'égal d'Archimède, de Pythagore ou de Newton. Le sujet était traité sur le ton de la satire, et la satire tend à révéler la triste vérité sans proposer de palliatif. La validité de la loi de Parkinson a été prouvée maintes et maintes fois ; c'est pourquoi le chapitre original est ici reproduit sans le moindre amendement.

J'ai fait suivre la loi de Parkinson d'un certain nombre d'études qui tentent d'établir des principes similaires dans les domaines administratifs concernés. Au fil des années, une nouvelle génération a grandi, qui a entendu parler de mes lois et qui en connaît peut-être, du moins approximativement, le contenu. Mais parmi ceux qui les citent à tort et à travers, il en est peu qui les ont lues. Si le message demeure identique après vingt et un ans, j'en déduis que mes prévisions ont été vérifiées. Certains hommes d'affaires, certains porteurs d'actions ont tiré profit de cette découverte et d'autres encore feront de même. Mais de tels bénéfices ne sont rien en regard des économies qu'il est possible de réaliser dans le secteur public. Si les nations étaient libérées de leurs charges fiscales, soulagées d'une bureaucratie excessive et guéries de leur constipation administrative, nous serions témoins d'une soudaine relance de l'activité réelle et de l'entreprise. Dans cet espoir, j'ai rassemblé pour la première fois mes lois en un seul volume et je les ai livrées de nouveau au public avec, le cas échéant, les apports de découvertes plus récentes.

Au cours des années pendant lesquelles j'écrivais, j'ai acquis la conviction que toutes mes lois s'appuyaient en fait sur une seule loi plus fondamentale et plus universelle qui en constituait l'unité, une loi qui permettait d'expliquer les fondements de la situation mondiale actuelle au plan économique comme au plan politique. Pour ceux qui connaissent déjà mes écrits, il pourrait être instructif de les relire sous un nouveau jour. Il existe un principe scientifique largement établi selon lequel la nature a horreur du vide. Il se manifeste de plusieurs façons, dont certaines se sont avérées d'un grand profit pour l'humanité. Je me propose aujourd'hui de considérer que le champ des intérêts humains fournit quelques-uns des exemples les plus riches de ce principe en action et, dans mon dernier chapitre, j'ai tenté une fois de plus de formuler une loi qui s'applique à notre époque, une loi qui pourra paraître une évidence mais qui — pour autant que je le sache — n'a jamais été reconnue en tant que telle.

C. Northcote PARKINSON
1979

GOUVERNEMENT

1
La loi de Parkinson
ou Le principe de la pyramide sans fin

Plus on dispose de temps pour accomplir un travail, plus ce travail précisément prend de temps. Quoi de plus vrai que le vieux dicton qui affirme que « c'est l'homme le plus occupé qui a le plus de temps de libre » ? Ainsi, une vieille dame oisive peut consacrer sa journée entière à la rédaction et à l'expédition d'une carte postale destinée à sa nièce en villégiature au bord de la mer. Une heure pour trouver la carte, une heure encore pour chercher ses lunettes dans tout l'appartement, une demi-heure pour retrouver l'adresse de ladite nièce, une heure et quart pour la rédaction du texte proprement dit, et vingt minutes passées à se demander s'il convient ou non de prendre un parapluie pour aller jusqu'à la boîte à lettres du coin de la rue. Une telle entreprise, qui prendrait au total trois minutes à un homme occupé, peut ainsi laisser cette vieille dame dont nous parlions prostrée, après une journée de doute, d'angoisse et de labeur.

Si donc l'on admet que le travail est d'autant plus absorbant que le temps qu'on peut lui consacrer est plus grand (et c'est particulièrement vrai des travaux dits de bureau), on conviendra alors qu'il ne saurait y avoir que peu, sinon pas de rapport entre la somme de travail à fournir et les effectifs du personnel chargé de l'exécuter.

Le manque d'activité réelle n'entraîne pas forcément l'oisiveté ; et l'oisiveté flagrante ne traduit pas nécessairement l'absence d'occupation. La chose à faire se gonfle, en importance et en complexité, en raison directe du temps qu'on peut lui consacrer. C'est là un fait communément admis, mais on n'a pas accordé la même attention à ses conséquences plus lointaines, et notamment dans le domaine de l'administration publique. Les hommes politiques et les contribuables ont toujours supposé (malgré des crises de doute épisodiques) qu'un gonflement des effectifs des fonctionnaires devait refléter un volume croissant de travail à faire. De mauvais esprits, mettant en doute cette opinion, ont imaginé que la multiplication des fonctionnaires avait dû laisser des loisirs à certains d'entre eux ou permettre à tous d'avoir des heures de bureau plus réduites. Mais il s'agit là d'un problème où la foi pas plus que le doute n'ont rien à voir : il n'existe en fait aucune relation entre le nombre des fonctionnaires et la quantité de travail à fournir. L'augmentation du chiffre des employés est gouvernée par la loi de Parkinson, et elle demeurerait constante, que le volume du travail à faire s'accroisse, diminue, ou même se trouve réduit à néant. L'importance de la loi de Parkinson réside dans le fait que c'est une loi de développement fondée sur une analyse des facteurs régissant ce développement.

La validité de cette loi récemment découverte doit reposer principalement sur des preuves statistiques que l'on va trouver plus loin. Il convient au préalable au lecteur d'expliquer quels facteurs gouvernent la tendance générale que définit cette loi. Sans entrer dans les détails techniques (qui sont nombreux), on peut distinguer à l'origine deux forces directrices principales. On peut, pour la commodité de l'exposé, les représenter par ces deux affirmations quasi axiomatiques :

1. « Un fonctionnaire entend multiplier ses subordonnés, et non ses rivaux. »

2. « Les fonctionnaires se créent mutuellement du travail. »

Pour bien comprendre le premier facteur, il faut nous représenter un fonctionnaire appelé A qui se trouve surchargé de travail. Peu importe que cette impression soit justifiée ou non par la réalité des faits ; mais il nous faut observer en passant que le sentiment de A (ou l'illusion dont il est le jouet) pourrait fort bien résulter du déclin de sa propre énergie : symptôme normal de l'âge qui vient. Pour remédier à cet excès de travail réel ou imaginaire, trois solutions, en gros, s'offrent à lui. Il peut donner sa démission ; il peut demander à partager le travail avec un collègue nommé B ; il peut demander l'aide de deux subordonnés, que nous appellerons C et D. On ne connaît probablement pas d'exemple dans lequel A ait choisi une autre solution que la troisième. En donnant sa démission, il perdrait ses droits à la retraite. En faisant nommer B au même niveau que lui dans la hiérarchie, il se contenterait d'ajouter un rival éventuel pour le jour où il faudra remplacer W quand W (enfin) prendra sa retraite. A préfère donc avoir sous ses ordres C et D, des employés subalternes. Ils ajouteront à son prestige et, en partageant le travail en deux, entre C et D, il aura l'avantage d'être le seul à pouvoir avoir une vue d'ensemble de la situation. Car il est essentiel de bien comprendre ici que C et D sont en quelque sorte inséparables. Nommer C seul aurait été impossible. Pourquoi ? Parce que C partagerait alors le travail avec A et parviendrait ainsi à cette égalité de statut qu'on avait tout d'abord refusée à B ; égalité d'autant plus redoutable si C est le seul successeur possible de A. Les subordonnés doivent donc se compter par deux ou plus, chacun se trouvant ainsi maintenu au pas par la crainte de voir l'autre obtenir de l'avancement. Quand C à son tour se plaindra d'être accablé de travail (ce qu'il ne manquera pas de faire), A conseillera, en même temps que C, la nomination de deux assistants pour aider C. Mais il ne peut éviter tout risque de friction interne qu'en recommandant aussi la nomination de deux assistants pour venir en aide à D, qui se trouve à peu près dans la même situation. Avec le recrutement donc de E, F, G et H, l'avancement de A est désormais pratiquement une certitude.

Sept fonctionnaires font donc maintenant ce qu'un seul faisait jadis. C'est ici qu'intervient le deuxième facteur. Car ces sept personnages se donnent mutuellement tant de travail qu'ils n'ont pas un instant de répit et que A, en fait, a plus de travail que jamais. Un document qui arrive peut fort bien leur passer à tous par les mains. Le fonctionnaire E décide que cette affaire relève du domaine de F, lequel transmet à C un projet de réponse, que celui-ci modifie de fond en comble avant de consulter D, qui demande à G de s'en occuper. Mais G sur ces entrefaites part en vacances, remettant le dossier à H, qui rédige une note, laquelle est signée par D et renvoyée à C, qui modifie en conséquence son projet de réponse et apporte à A cette nouvelle version.

Que fait alors A ? Il aurait toutes les excuses du monde s'il signait cette lettre sans la lire, car il a d'autres affaires en tête. Sachant maintenant qu'il doit l'an prochain succéder à W, il doit décider si C ou D est apte à le remplacer au poste qu'il va laisser vacant. Il lui a fallu donner son accord au départ en vacances de G, bien que celui-ci n'ait pas tout à fait droit à un congé. Il se demande si ce n'est pas plutôt H qui aurait dû partir, pour des raisons de santé. H a mauvaise mine depuis quelque temps — en partie, mais pas uniquement à cause de ses ennuis familiaux. Et puis il y a ce problème de l'augmentation exceptionnelle du salaire de F pendant la durée de la conférence, et de la demande de mutation de E qui voudrait être affecté au ministère des Pensions. A a entendu dire aussi que D était amoureux d'une dactylo mariée et que G et F ne s'adressaient plus la parole. A pourrait donc être tenté de signer le projet de réponse de C et de n'y plus penser. Mais A est un homme consciencieux. Si harcelé qu'il soit par les problèmes que se posent entre eux et que lui posent à lui-même ses collègues — problèmes créés par le seul fait de l'existence de ces fonctionnaires —, il n'est pas homme à renâcler devant le devoir. Il lit avec soin le projet de réponse, supprime ces paragraphes confus ajoutés par C et par H et revient à la forme primitivement établie par F, qui connaît bien son travail, même s'il est d'un caractère un peu difficile. Il corrige les fautes de syntaxe — tous ces jeunes gens ignorent la grammaire — et finit par mettre au point la réponse même qu'il aurait rédigée si les fonctionnaires de C à H n'avaient jamais existé. Un bien plus grand nombre de gens qu'auparavant ont mis beaucoup plus longtemps à produire le même résultat. Personne pourtant n'a flâné. Chacun a fait de son mieux. Et c'est à une heure tardive de la soirée que A peut enfin quitter son bureau pour regagner sa petite maison de banlieue. Les lumières des autres bureaux s'éteignent dans le crépuscule qui tombe, marquant la fin d'une nouvelle journée de labeur administratif. A sort parmi les derniers en songeant, les épaules voûtées et un sourire amer aux lèvres, que, comme les cheveux gris, des heures de bureau tardives comptent dans la rançon de la réussite.

D'après cette description des facteurs en présence, l'étudiant en sciences politiques reconnaîtra que les administrateurs sont plus ou moins condamnés à se multiplier. Mais on n'a rien dit encore de la période de temps susceptible de s'écouler entre la date de la nomination de A et la date à partir de laquelle on est en droit de calculer les années de travail de H comptant pour la retraite. On a recueilli une foule de statistiques sur ce sujet et c'est à partir de l'étude de ces informations qu'on a pu formuler la loi de Parkinson. L'espace manque ici pour entrer dans le détail de ces analyses, mais sans doute le lecteur sera-t-il intéressé d'apprendre que les travaux ont commencé avec le budget de la Marine britannique. On a choisi ce domaine car les responsabilités de l'Amirauté sont bien plus facilement mesurables que celles, par exemple, du ministère du Commerce. Il ne s'agit ici que

INCREASE AND MULTIP

d'effectifs et de tonnages. Voici donc quelques chiffres caractéristiques. La Marine britannique en 1914 comprenait 146 000 officiers et matelots, 3 249 fonctionnaires et employés des arsenaux, et 57 000 ouvriers des arsenaux. En 1928, il n'y avait plus que 100 000 officiers et matelots et seulement 62 439 ouvriers, mais les fonctionnaires et employés des arsenaux étaient alors 4 558. Quant aux navires de guerre, le total des unités en 1928 n'était qu'une fraction de ce qu'il était en 1914 : moins de 20 grosses unités en service, contre 62 en 1914. Pendant la même période, le nombre des fonctionnaires de l'Amirauté avait augmenté de 2 000 à 3 569, fournissant (comme on le fit remarquer) « une magnifique marine de terre ». Le tableau ci-après mettra mieux en valeur tous ces chiffres.

	1914	*1928*	*Augmentation ou diminution*
Grosses unités en service.	62	20	– 67,74 %
Officiers et Matelots de la Marine britannique.	146 000	100 000	– 31,5 %
Ouvriers des Arsenaux.	57 000	62 439	+ 9,54 %
Fonctionnaires et Employés des Arsenaux.	3 249	4 558	+ 40,28 %
Fonctionnaires de l'Amirauté.	2 000	3 569	+ 78,45 %

Les critiques exprimées à l'époque insistaient sur la proportion des effectifs de combat par rapport aux effectifs administratifs. Ce qu'il nous faut noter, c'est que les 2 000 fonctionnaires de 1914 sont devenus les 3 569 de 1928 ; et que cette augmentation était sans rapport avec toute possibilité d'augmentation du travail à fournir. La Marine, en fait, avait diminué ses effectifs d'un tiers en ce qui concernait les unités. Et ces chiffres n'étaient pas censés augmenter depuis 1922, car le total des unités en service (contrairement au total des fonctionnaires) était limité par l'Accord naval de Washington signé cette année-là. Nous observons donc une augmentation de 78 % en quatorze ans, ce qui fait une augmentation moyenne de 5,6 % par an. En fait, nous allons le voir, le taux d'augmentation n'a pas été aussi régulier. Mais tout ce que nous avons à considérer pour l'instant, c'est une augmentation de pourcentage sur une période donnée.

Cet accroissement du nombre des fonctionnaires peut-il s'expliquer en partant du principe que ce chiffre doit toujours croître suivant une loi qui gouverne son augmentation ? On pourrait arguer que la période envisagée correspondait à une phase de développement rapide de la technique navale. L'utilisation des machines volantes n'était plus le seul privilège de quelques excentriques. On multipliait et on compliquait les appareils électriques. On tolérait les sous-marins, si on ne les approuvait pas. On commençait à considérer presque comme des êtres humains les officiers mécaniciens. On pourrait penser qu'à une époque aussi révolutionnaire, les magasiniers avaient des inventaires plus compliqués à tenir. On ne s'étonnerait pas de voir augmenter le nombre des dessinateurs, des ingénieurs, des techniciens et des savants. Mais les fonctionnaires des arsenaux n'ont vu leurs effectifs augmenter que de 40 % alors que les gens de Whitehall augmentaient leur nombre de près de 80 %. Pour chaque nouveau contremaître ou ingénieur électricien des chantiers de Portsmouth, il fallait deux employés de bureau de plus à Charing Cross. On pourrait, momentanément, être tenté de conclure que le taux d'augmentation du personnel administratif doit être le double de celui du personnel technique, à une époque où les effectifs du personnel véritablement utile (en l'occurrence ceux du personnel navigant) sont réduits de 31,5 %. Mais on a prouvé statistiquement que ce dernier pourcentage était erroné : même s'il n'y avait plus eu du tout de personnel navigant, les fonctionnaires se seraient développés suivant le même rythme.

Il serait d'ailleurs intéressant de suivre l'évolution qui a amené les 8 118 membres du personnel de l'Amirauté de 1935 à devenir 33 788 en 1954. Mais, durant une période de déclin de l'Empire, le personnel du ministère des Colonies offre un champ d'études plus significatif encore. Les statistiques de l'Amirauté sont compliquées par des facteurs (comme l'Aéronavale, par exemple) qui rendent difficiles les comparaisons d'une année sur l'autre. Le développement du ministère des Colonies est d'autant plus révélateur qu'il est, lui, purement administratif. Voici ce que montrent les statistiques :

1935	*1939*	*1943*	*1947*	*1954*
372	450	817	1 139	1 661

Avant de montrer quel est le taux d'accroissement, il nous faut observer que l'étendue des responsabilités de ce ministère a considérablement varié au cours de ces vingt années. Les territoires coloniaux n'ont pas subi de grands changements ni en superficie ni en population, entre 1935 et 1939. Vers 1943, ils se sont trouvés considérablement réduits, certaines régions étant tombées aux mains de l'ennemi. Ils ont de nouveau augmenté vers 1947, mais depuis lors n'ont cessé de diminuer régulièrement d'année en année, à mesure que chaque colonie acquérait l'autonomie. Il serait rationnel de supposer que ces modifications dans la configuration de l'Empire se sont reflétées dans l'importance de son administration centrale. Mais un coup d'œil aux chiffres suffit à nous convaincre que les effectifs du personnel ne représentent qu'autant d'étapes d'un inévitable accroissement. Et cet accroissement, bien qu'il soit le corollaire de celui qu'on a pu observer dans d'autres ministères, n'a rien à voir avec les dimensions — ni même avec l'existence de l'Empire. Quels sont donc les taux de cet accroissement ? Nous ne devons pas tenir compte ici du rapide accroissement de personnel qui a accompagné la diminution des responsabilités durant la Seconde Guerre mondiale. Tenons-nous-en plutôt aux taux d'augmentation du temps de paix : plus de 5,24 % de 1935 à 1939, et 6,55 % de 1947 à 1954. Ce qui donne un accroissement moyen de 5,89 % par an, pourcentage très voisin de celui que nous avons déjà constaté dans l'augmentation du personnel de l'Amirauté entre 1914 et 1928.

Dans le cadre d'un ouvrage comme celui-ci, une analyse statistique plus détaillée et plus poussée n'aurait pas sa place. Nous espérons cependant pouvoir tirer une conclusion quant au laps de temps qui doit s'écouler entre la nomination d'un fonctionnaire et la nomination de deux ou plusieurs assistants chargés de le seconder dans sa tâche.

En nous attachant au seul problème de l'accroissement du personnel, tous nos travaux nous ont conduits à constater une augmentation moyenne de 5,75 % par an dans les effectifs. Ce fait étant établi, il devient dès lors possible d'énoncer la loi de Parkinson sous une forme mathématique :

Dans toute administration publique qui ne se trouve pas directement engagée dans des opérations de guerre, l'accroissement du personnel se fera suivant la formule :

$$x = \frac{2\,k^m + l}{n}$$

k représentant le nombre de fonctionnaires cherchant à obtenir de l'avancement en faisant nommer des subordonnés pour les aider ; *l* représentant la différence entre l'âge de la nomination et l'âge de la retraite ; *m* représentant le nombre d'heures par homme consacrées à répondre à des notes de service à l'intérieur du ministère ; et *n* le nombre de nouveaux employés nécessaires chaque année.

Les mathématiciens comprendront, bien sûr, que pour calculer le taux d'accroissement, il leur suffit de multiplier *x* par 100 et de diviser par le total obtenu pour l'année précédente, ce qui donne :

$$\frac{100\,(2\,k^m + l)}{yn}\ \%$$

où *y* représente le nombre initial des employés. Ce chiffre se situera toujours entre 5,17 et 6,56 %, indépendamment de toute variation dans la quantité de travail (si travail il y a) à effectuer.

La découverte de cette formule et des principes généraux sur lesquels elle se fonde n'a bien entendu aucune valeur politique. Nous n'avons pas voulu nous demander si les ministères *devaient* se développer. Ceux qui estiment que ce développement est indispensable pour parvenir au plein emploi de la main-d'œuvre du pays ont parfaitement le droit d'avoir cette opinion. Ceux qui mettent en doute la stabilité d'une économie fondée sur la lecture par certains fonctionnaires des notes de service, rédigées par d'autres fonctionnaires, sont tout aussi libres de le penser. Sans doute serait-il prématuré à ce stade de vouloir étudier le rapport quantitatif qui devrait exister entre les administrateurs et les administrés. Si l'on admet toutefois qu'il existe pour ce rapport un chiffre maximum, on devrait bientôt pouvoir déterminer, d'après la formule citée plus haut, combien d'années s'écouleront avant que, dans une communauté donnée, ce chiffre soit atteint. Mais, répétons-le, cette prévision elle aussi serait dénuée de toute signification politique. On ne saurait trop insister sur le fait que la loi de Parkinson est une découverte purement scientifique, qui, sauf en théorie, ne saurait s'appliquer à la situation politique actuelle. Ce n'est pas au botaniste qu'il incombe d'arracher les mauvaises herbes. Il lui suffit de pouvoir nous dire avec quelle rapidité elles poussent.

2

Vingt et un ans après

ou Mieux et plus

Vingt et un ans se sont écoulés et il est normal de faire le point aujourd'hui. Les données statistiques de la dernière décennie vont-elles consolider la théorie initiale ou au contraire la renverser ? Il n'est pas facile de répondre à une telle question car les statistiques officielles sont incohérentes, complexes et obscures. Il y a eu de fréquents remaniements au cours desquels les responsabilités de décision et d'exécution ont changé de mains, dans le cadre du Commonwealth et des Affaires étrangères britanniques. Il y a eu la fusion des différentes forces armées et celle du corps consulaire et du corps diplomatique. Savoir ce qui s'est réellement passé n'est pas une chose aisée. D'autant que la situation n'a pas échappé à l'influence de l'auteur lui-même. Si les prédictions de Karl Marx n'ont pas toujours été vérifiées (en partie parce que ses opposants avaient lu son livre) il n'est pas invraisemblable que la loi de Parkinson ait influencé le Bureau des statistiques officielles. Cependant, malgré la confusion de la situation et en dépit du succès du livre (qui n'impliquait pas nécessairement celui de la Loi), il y a de bonnes raisons de considérer l'auteur comme un vrai prophète.

Prenons d'abord le cas de la Marine, comme le premier et le plus classique de nos exemples de prolifération administrative (cf. le tableau p. 28). La conclusion de cette étude serait que le taux de croissance des effectifs administratifs de la Marine, soit 5,5 % entre 1914 et 1918 (taux calculé arithmétiquement sur l'année de base), est passé à 9,3 % entre 1938 et 1958 et qu'en 1914, point culminant de la course aux armements, 4 366 fonctionnaires pouvaient administrer ce qui était alors la Marine la plus puissante du monde, alors qu'en 1967, l'année où nous sommes devenus quasiment impuissants, plus de 33 000 employés de la fonction publique suffisaient à peine à gérer une Marine que nous ne possédions plus. Si nous sommes devenus quantité négligeable au plan de la politique mondiale, nous pouvons toujours déployer nos forces administratives à Bath, Whitehall, Queen Ann's Mansions, Rex House, Kidbrooke, Cricklewood, Harrow et Charing Cross Road. Pour chaque défaillance à Singapour ou à Malte, nous pouvons nous consoler à l'idée que notre base de Northwood Hills est virtuellement imprenable.

Il serait intéressant d'analyser comment les 8 118 fonctionnaires de l'Amirauté en 1935 sont devenus 33 788 en 1954. Mais aussi éloignés de la côte que soient nos administrateurs, il semblerait qu'ils se soient inspirés de la tactique de la pieuvre qui déroute ses poursuivants en leur envoyant une décharge d'encre. De plus, beaucoup d'entre eux ont sans doute eu l'occasion de rencontrer un marin au cours de leur carrière, et ils l'ont entendu dire : « En cas de problèmes, faites de la fumée. » Il en résulte que les changements de responsabilités et les changements de titres ont rendu difficile, voire impossible, toute étude comparative. Nous savons, par exemple, que les vaisseaux en activité (pour la plupart de petit tonnage, sauf quelques-uns de réelle importance) étaient au nombre de 166 en 1968 avec un effectif de 85 000 hommes et officiers assistés de 5 938 employés des arsenaux et de 52 109 ouvriers des chantiers. Le chiffre le plus intéressant, dans

	1914	*1928*	*Augmentation ou diminution*
Grosses unités en service	542	317	– 41,51 %
Officiers et matelots de la Marine britannique	125 000	90 700	– 27,44 %
Ouvriers des arsenaux	57 000	62 439	+ 9,54 %
Fonctionnaires et employés des arsenaux	3 249	4 558	+ 40,28 %
Fonctionnaires de l'Amirauté	4 366	7 729	+ 77,03 %

L'évolution ultérieure de ces statistiques, jusqu'à la fusion et même une année après (1967) s'est déroulée comme suit :

	1938	*1948*	*1958*	*1964*	*1967*
Grosses unités en service	308	413	238	182	114
Officiers et matelots	89 500	134 400	94 900	84 900	83 900
Ouvriers des arsenaux	39 022	48 252	40 164	41 563	37 798
Fonctionnaires et employés des arsenaux	4 423	6 120	6 219	7 395	8 013
Fonctionnaires de l'Amirauté	11 270	31 636	32 237	32 035	33 574

cet exemple, est celui des fonctionnaires attachés aux arsenaux, chiffre se multipliant inexorablement en dépit de l'affaiblissement des forces navales. A partir de là, le tableau est obscurci par des nuages d'encre, en raison de nouvelles distinctions établies non seulement entre ouvriers industriels et ouvriers non-industriels, mais également entre ces deux catégories et les autres ouvriers employés dans les ateliers d'entretien et de réparation. Quant à l'état-major de l'Amirauté, il a disparu dans les fourrés touffus du ministère de la Défense.

A ce propos, ce serait une erreur de supposer que la division navale du ministère de la Défense aurait introduit parmi les responsables une habitude d'expansion administrative qui leur était étrangère jusqu'alors. Le *War Office*, pour ne citer qu'un seul exemple, n'a jamais eu à redouter la comparaison avec la Marine. En 1935, un contingent de 9 442 fonctionnaires civils suffisait à administrer une armée réduite à 203 361 officiers et soldats, indice trahissant le manque de préparation à un conflit qui apparaissait alors inévitable. En 1966, 48 032 fonctionnaires civils soutiennent le moral de 187 100 hommes en uniforme, ce qui supposerait qu'une réduction de 7,9 % des forces armées impliquait une augmentation de 408 % de la paperasserie administrative. Il est peut-être présomptueux de soupçonner qu'un accroissement annuel de 13,16 % des effectifs administratifs est normal pour le *War Office.* Il faut plutôt admettre que la fusion entre le ministère de la Marine et celui de l'Aviation a fait tripler le volume de correspondance dès le tout premier jour et que la progression ultérieure se fera vraisemblablement selon une échelle géométrique, plutôt qu'arithmétique. Ainsi donc, si nous établissons une courbe graphique de l'expansion de la division navale du ministère de la Défense, nous constatons que le nombre de ses fonctionnaires devrait atteindre 72 000 en 1984*, alors qu'en 1984 il n'y aura probablement plus de Marine du tout. La même année, les effectifs militaires du même ministère devraient atteindre les 124 000 hommes.

---

* Pourquoi 1984 ? Pourquoi pas ?

Notre second exemple de croissance administrative ressort des statistiques du *Colonial Office*, qui donnent les chiffres suivants :

1935	*1939*	*1943*	*1947*	*1954*
173	450	817	1 139	1 661

Pour ces mêmes années, le total combiné des différentes administrations Colonies, Dominions, Inde et Birmanie, donnait les chiffres suivants :

1 023	1 075	1 709	2 362	2 650

Diverses réorganisations nous empêchent de donner des chiffres plus récents que ceux de 1957 (2 743) et de 1960 (2 827). Il ne faut pas oublier cependant que la période couverte par ces statistiques, c'est-à-dire de 1935 à aujourd'hui, a vu l'effondrement de notre empire colonial. Un effondrement sans équivalent dans l'histoire. Depuis 1947, en particulier, la liste des territoires qui ont acquis leur indépendance s'établit comme suit : l'Inde, le Pakistan, Ceylan, le Ghana, la Malaisie, Chypre, le Nigeria, la Sierra Leone, la Tanzanie, la Jamaïque, Trinidad et Tobago, l'Ouganda, le Kenya, le Malawi, Malte, la Zambie, la Gambie, Singapour, le Guyana, le Botswana, le Lesotho et La Barbade. Il s'ensuit une confusion dans les chiffres relatifs au nombre de fonctionnaires attachés aux départements coloniaux et si, étonnés d'apprendre que 10 615 personnes sont employées par le ministère des Affaires Etrangères, nous poussons plus loin notre investigation, nous nous égarons dans les confins brumeux de définitions variables et de totaux versatiles.

Chaque accession à l'indépendance a entraîné la disparition d'un poste de gouverneur et la création d'une ambassade. Alors que nos ambassadeurs étaient seulement au nombre de 16 en 1940, ils sont aujourd'hui plus de 80, si l'on tient compte des Hauts Commissaires et des représentants accrédités auprès de l'OTAN, de l'OTASE et des Nations unies. Un accroissement de 412,5 % du nombre des ambassades semble devoir justifier un accroissement de 378,23 % du personnel des Affaires étrangères. Il reste cependant douteux que cela représente l'accroissement réel, car il faut dans cet exemple choisir parmi quatre schémas statistiques différents : celui du ministère des Finances, celui du département de l'Information du ministère des Affaires étrangères, celui de l'Office des statistiques civiles et enfin celui du Département administratif du Corps diplomatique. Parmi ces estimations, nous avons choisi la première, mais elle diffère de la dernière de près de 7 000 personnes. Il faut se demander si les fonctionnaires de Whitehall ont été effectivement inclus dans cette statistique et il est tout aussi difficile d'obtenir une estimation précise du nombre de fonctionnaires recrutés localement à l'étranger. Cependant, dans la mesure où l'on peut accorder un certain crédit à ces chiffres, il semblerait que les effectifs diplomatiques des Affaires étrangères aient été sérieusement renforcés depuis 1940, les chiffres suivants donnant une vague indication de cette tendance récente :

1935	*1940*	*1945*	*1950*	*1955*	*1960*	*1965*	*1967*
1 412	2 270	6 806	6 195	5 670	5 992	10 211	10 856

L'accroissement soudain enregistré en 1965 n'est pas dû à une crise diplomatique mais à la fusion avec le Département du Commonwealth qui avait lui-même augmenté ses effectifs et était passé de 651 (en 1935) à 1 729 (en 1964). De tels remaniements mis à part, l'évolution chronologique de cette expansion est particulièrement impressionnante. Si les chiffres suffisaient à matérialiser une réussite, notre représentation actuelle à l'étranger devrait refléter une influence écrasante au plan de la politique internationale.

D'après les chiffres, variables et incertains, que nous avons cités, il semble que la loi de Parkinson n'ait pas été mise en échec au cours de la dernière décennie. Et peut-être moins encore qu'ailleurs dans les ministères auxquels l'auteur s'était particulièrement intéressé. Cette tendance à une croissance inévitable est parfaitement démontrée par l'exemple britannique. Ce qui est plus contestable, c'est l'affirmation *a priori* que le taux moyen d'accroissement annuel des effectifs en temps de paix est de 5,75 %... Cette estimation était, souvenez-vous-en, accompagnée d'un avertissement suivant lequel de nouveaux développements surviennent presque quotidiennement et toute estimation doit être considérée comme sujette à caution. Même si l'on tient compte de ce qui précède, et du fait que des investigations plus poussées restent à faire, il reste que la première estimation de l'auteur n'est pas si éloignée de l'indice officiel. Pour la période de 1935 à 1966, tandis que le taux d'accumulation du personnel des ministères varie, l'accroissement annuel moyen pour 5 d'entre eux évolue selon le tableau ci-dessous.

Ministères	*1935*	*1966*	*% accroissement annuel*
Ministère de l'Intérieur et Administration pénitentiaire	4 350	16 066	8,68
Administration fiscale	22 851	59 502	5,17
Ministère de la Guerre	9 442	48 032	13,18
Ministère du Commerce	4 328	9 598	3,92
Ministère de l'Air	5 481	24 848	11,39
Accroissement annuel moyen			8,49

Une partie de cet accroissement est cependant imputable à une augmentation réelle de travail. La population de Grande-Bretagne est passée de 45 588 000 habitants en 1935 à 53 266 000 en 1966, ce qui justifie un accroissement de 16,8 % des charges administratives, soit un accroissement annuel moyen de 0,5 %. Le système fiscal est devenu de plus en plus complexe et onéreux et l'intervention de la bureaucratie dans les activités économiques de plus en plus courante. Nous sommes fréquemment engagés dans des conflits armés limités et c'est pour l'administration une source permanente de difficultés que de concilier cet état de choses avec la poursuite d'une politique d'assistance coûteuse mais électoralement payante. Enfin, avec tous ces gens en prison pour avoir enfreint des lois et des règlements de plus en plus obscurs, il y a eu inévitablement un surcroît de travail pour le ministère de l'Intérieur. On peut sans doute expliquer ainsi près de la moitié de l'accroissement annuel, ce qui laisse un taux de 4,34 % justifiable sur les bases de la loi de Parkinson. Cela est loin de l'estimation initiale, mais il faut rappeler que les ministères ne se sont pas seulement développés, mais qu'ils se sont multipliés. Ainsi, la croissance modeste du ministère du Commerce est due à la création en parallèle du ministère des Transports et de celui de la Technologie. Si l'on tient compte de ces données, la croissance inévitable — sans tenir compte de l'augmentation des charges de travail — pourrait s'avérer très proche des 5,75 % de l'estimation initiale. Il est cependant manifeste que les chiffres et les pourcentages exacts sont pratiquement inaccessibles.

Qu'en est-il donc de l'Administration publique dans son ensemble ? Là encore, il est difficile d'établir des statistiques précises en raison des différentes réorganisations et des changements de responsabilités. La distinction entre gouvernement central et gouvernement local est confuse et la frontière entre services publics et industrie nationalisée est nébuleuse. Pour rendre les choses encore plus obscures, il n'y a pas de distinction définitive entre personnel industriel et non-industriel, une simple reclassification des grades dans les Postes et Télécommunications suffisant à provoquer des variations de plusieurs milliers d'unités dans les totaux. A l'intérieur de ces frontières changeantes, les statistiques — pour ce qu'elles valent — font cependant ressortir les données suivantes :

1935	*1940*	*1945*	*1950*	*1955*	*1960*	*1965*
303 610	454 745	704 646	684 799	635 663	637 374	803 327

Au 1er janvier 1967, le total s'élevait à 845 900, soit une part non négligeable de la population active. Cela représente une augmentation de 179 % sur une période de 32 ans, soit un accroissement annuel moyen de 5,6 %. Si le pourcentage n'est pas plus élevé, cela est dû en premier lieu aux besoins plus modestes de certains ministères. Ceux du ministère du Travail et de l'Action sociale ont en fait diminué depuis 1935 et ont été pratiquement réduits de moitié depuis 1943, une grande partie de ses activités ayant été prises en charge par le ministère de la Sécurité sociale. Les effectifs du ministère des Transports ont également été réduits de moitié depuis 1959. De telles restrictions, de même que celles que l'on a pu constater dans d'autres secteurs, sont cependant une conséquence évidente de la notoriété de la loi de Parkinson. En fait, le nombre total des fonctionnaires de l'Etat a été réduit en 1955 — année de la première parution de cette étude — et fut réduit de nouveau lorsque cette découverte prit la forme d'un livre. L'expansion n'a repris que dans les années 1960/1965, après que l'impact initial du libre se fut résorbé, et elle n'a pas cessé depuis.

Dans l'essai original (qui fut publié pour la première fois en 1955 par *The Economist*) l'accent était mis sur le caractère purement scientifique de la découverte révélée et l'auteur allait même jusqu'à observer que « ce n'est

pas au botaniste qu'il incombe d'arracher les mauvaises herbes. Il lui suffit de pouvoir nous dire avec quelle rapidité elles poussent ». Il est certainement souhaitable que cette recherche soit poursuivie dans le même esprit d'objectivité. Nous n'essayerons donc pas de déterminer si 845 900 fonctionnaires c'est trop ou trop peu. Mais nous pouvons montrer, en établissant une courbe graphique, les conséquences possibles d'un tel taux de croissance. Nous sommes en droit de nous demander à quelle date la moitié de la population active sera absorbée par l'administration publique. Et à quelle date la totalité de la population active serait finalement absorbée de la même manière. A cette fin, il nous faut inclure ceux qui sont employés dans les administrations locales comme dans les administrations nationales, soit, à l'heure actuelle, un total de 1 077 050 fonctionnaires. Les prévisions révèlent alors que ces deux dates pourraient être respectivement l'année 2145 et l'année 2195. Il n'est pas dans notre propos actuel de commenter le nouveau type d'économie qui correspondrait à cette mutation sociale. Dans les milieux officiels, on considère comme parfaitement naturel et vraisemblable que les gens soient amenés un jour à communiquer entre eux par notes de service. Il ne fait aucun doute que les caractéristiques essentielles de la nouvelle économie ont été pressenties et que les futurologues sont déjà en train d'étudier leurs implications multiples.

Mais l'individu moyen n'a pas à s'aventurer dans ces royaumes de la spéculation. Des services de plus en plus importants et en plein développement se consacrent à planifier l'Utopie du futur, et il vaut mieux abandonner le sujet aux experts.

Au cœur de notre système administratif et à l'avant-garde de cette évolution, se trouve bien sûr le ministère des Finances. C'est le ministère des Finances qui coiffe l'appareil dans son ensemble et qui s'assure que rien de ce qui pourrait être épargné n'est dépensé en vain et que seuls sont employés ceux dont les services sont indispensables. Cela mérite commentaire, d'autant plus que l'on se fait probablement une idée fausse de ce ministère. On s'imagine qu'il regroupe en son sein un petit nombre d'érudits et de diplômés, tous formés à Winchester et à Oxford, et quelques anciens du 60e Rifles*. On croit qu'ils ont reçu une éducation classique, qu'ils numérotent leurs paragraphes par des lettres de l'alphabet grec. Ils déjeunent au *Reform Club* et n'ont besoin que de quelques secondes pour terminer les mots croisés du *Times*. Ils passent leurs soirées à écouter de la musique classique et leurs week-ends chez eux, dans les environs de Hampstead Garden. On a tendance à penser qu'ils sont puissants, mais dans l'ombre. Sachant qu'ils sont supposés être environ 200, nous, les contribuables, nous sommes en droit de croire que jamais, dans l'histoire des extorsions humaines, autant d'argent n'a été dû par tant d'hommes à si peu**. Cependant, nos préjugés s'appuient largement sur de fausses informations, et l'une d'entre elles concerne l'importance des effectifs du ministère des Finances. Ce ministère important peut paraître petit en comparaison d'autres ministères, mais il est inférieur à peu d'entre eux quant à sa croissance. Les chiffres suivants devraient suffire à en apporter la preuve :

1940	*1945*	*1950*	*1955*	*1960*	*1965*
378	818	1 414	1 312	1 340	1 584

Cette multiplication des talents financiers en activité, sur une durée de 25 ans, est particulièrement significative dans une période de constant déclin économique. Certes, quelques esprits malveillants se sont demandé pourquoi si peu de ces fonctionnaires avaient une quelconque compétence en matière de comptabilité, mais

---

* 60th Rifles ou King's Royal Rifles, régiment d'élite de l'armée britannique (N.d.T.).

** Paraphrase d'un discours célèbre de Winston Churchill à propos des pilotes de la bataille d'Angleterre : « Jamais, dans l'histoire humaine, autant n'a été dû par tant d'hommes à si peu. » (N.d.T.)

cette question a été manifestement ignorée. Par contre, en 1968, on a admis qu'il était nécessaire que les contrôleurs financiers soient eux-mêmes contrôlés. Cela a suscité la création d'un nouveau corps de fonctionnaires, les super-contrôleurs, corps dont les effectifs se sont eux-mêmes multipliés en passant de 2 103 en 1970 à 5 256 en 1975 — un taux de croissance qui représente vraisemblablement un record mondial. En ajoutant les super-contrôleurs aux contrôleurs, on obtient un total impressionnant de 6 321 pour 1975, année au cours de laquelle notre pays a pratiquement fait faillite.

Parmi les ministères créés de longue date et qui n'ont pas connu de réforme profonde, seul le ministère de la Guerre peut prétendre à une évolution comparable (avec un accroissement annuel moyen de 13,18 %). Si l'on fait abstraction de certains progrès technologiques récents, il faut admettre que le ministère des Finances est largement en tête de liste. Lorsqu'on réalise, de surcroît, que d'autres services financiers, du ministère des Affaires économiques* à la Banque d'Angleterre ont connu une évolution parallèle, on est tenté d'établir une statistique globale. Une telle opération placerait le ministère des Finances hors catégorie, de très loin en tête.

Si l'on admet que les changements fréquents de titre et de fonction des divers ministères rendent vaine toute comparaison, on peut en tout cas constater que le total des salariés de la fonction publique (toutes catégories confondues) est particulièrement significatif : ce dernier est en effet passé de 702 056 pour 1970 à 746 000 en 1977. Pour compléter ce tableau, il faut encore ajouter ceux qui sont employés par les autorités locales. Le tableau qui suit, couvrant la période de 1960 à 1977, permet une certaine appréciation de la situation.

---

* Aujourd'hui partie intégrante du ministère des Finances.

TOTAL DES FONCTIONNAIRES
EMPLOYÉS PAR LES AUTORITÉS LOCALES

1960	1 709 000	1969	2 344 000
1961	1 755 000	1970	2 386 000
1962	1 821 000	1971	2 466 000
1963	1 887 000	1972	2 584 000
1964	1 964 000	1973	2 699 000
1965	2 025 000	1974	2 697 000
1966	2 123 000	1975	2 893 000
1967	2 212 000	1976	2 939 000
1968	2 287 000	1977	2 911 000

Si le ministère des Finances n'a pas réussi à limiter ses effectifs et s'il a encouragé par son exemple la prolifération des employés de la fonction publique, il faut admettre qu'il est tout de même parvenu à enrayer l'accroissement des charges salariales. Le fait que les hauts fonctionnaires aient demandé et obtenu des salaires équivalents à leurs homologues du secteur privé ne doit pas nous cacher le fait que leurs subalternes sont plutôt moins bien payés qu'ailleurs. Certes, la masse salariale est passée de 298 millions de livres en 1951 à 773 millions de livres en 1965. Mais il faut noter que l'accroissement individuel compense à peine la dévaluation monétaire. Le salaire individuel moyen pour 1951 (440 livres) représente-t-il l'équivalent en pouvoir d'achat du salaire individuel moyen de 1965 ? Ce dernier s'élevait à 1 057 livres, mais il était loin de correspondre à une grande aisance matérielle. N'importe quel ingénieur-conseil du secteur privé estimera plus efficace de doubler la masse salariale que d'augmenter les effectifs d'un quart. Mais là n'est pas notre propos, qui se limite à constater que le ministère des Finances, à défaut de réduire le nombre de ses fonctionnaires, n'a pas si mal réussi à réduire ses charges. Que faut-il alors penser de la prophétie initiale de l'auteur ? Le nombre des fonctionnaires se multiplie bien selon la loi qui régit l'expansion de toute structure administrative. Le travail s'accroît également en proportion du temps de travail disponible.

Mais le fait que les gens soient occupés ne signifie pas pour autant qu'ils accomplissent une tâche utile. Nous n'avons aucune preuve statistique à l'appui d'une théorie selon laquelle le taux annuel normal d'accroissement des effectifs serait de 5-6 %. Cela n'est pas un chiffre scandaleux, mais les variations par rapport à l'indice de base sont à la fois fréquentes et imprévisibles. La mode, parmi les premiers économistes, était de justifier ce phénomène par certaines circonstances déclenchantes : une crise entraînant une augmentation des prix, une période de fléchissement économique provoquant une baisse des salaires. De tels principes ne sont vérifiables que dans un contexte de libre-échange et ne sont affectés par aucune action gouvernementale ni par d'éventuelles restrictions dans les échanges commerciaux. De plus, ils échappent également à toute perspective de troubles civils ou de guerre. De telles circonstances n'ont jamais existé dans le cours du XXe siècle. Dans un certain sens, la loi de Parkinson (ou pour être plus exact, la 1re loi de Parkinson) a subi le même sort. Le postulat établi par l'auteur, quant à l'existence d'un taux d'expansion administrative en temps de paix, supposait l'absence de toute crise ou de révolution interne. On peut se demander si de telles conditions ont jamais été remplies au cours des 21 années sur lesquelles s'étend la présente démonstration ou si elles le seront dans les 21 années à venir. L'époque que nous vivons ne permet pas de poser de règles très rigoureuses, encore moins lorsque ces règles ont été largement divulguées. L'auteur a sans doute eu tort de négliger l'impact que sa théorie pourrait effectivement avoir. Même si l'on admet que Whitehall a subi, entre autres, l'influence de ce facteur, il n'en reste pas moins vrai que Londres (tout comme Vienne) est devenue aujourd'hui la capitale monstrueuse d'un empire qui a cessé d'exister. L'état-major du gouvernement n'a jamais été conçu comme le pivot administratif des Iles Britanniques, mais comme le centre névralgique d'une toile d'araignée qui était censée couvrir la moitié du monde. Cette fonction disparue, le Whitehall d'aujourd'hui n'est pas seulement encombrant mais ridicule. Une réforme est peut-être impossible, mais il nous reste toujours au moins (jusqu'à preuve du contraire) le droit d'en rire.

3
La seconde loi de Parkinson

Les dépenses s'élèvent pour faire face aux revenus. La seconde loi de Parkinson, comme la première, relève de l'expérience quotidienne ; son évidence éclate sitôt qu'on l'a énoncée, elle est aussi claire qu'elle est simple. Quand l'individu a une augmentation de salaire, sa femme et lui sont enclins à décider comment dépenser ce revenu supplémentaire : tant pour une police d'assurance vie, tant à verser au compte en banque, tant à former un capital pour les enfants. Ils feraient aussi bien de s'épargner cette peine, car aucun surplus n'apparaît jamais. Ce supplément de salaire est silencieusement absorbé, laissant la famille à peine à flot, et souvent, en fait, affligée d'un déficit qui a même augmenté. Les dépenses individuelles non seulement s'élèvent pour faire face au revenu mais tendent à le dépasser, et ont toutes les chances d'y parvenir.

On reconnaît moins généralement que ce qui est vrai des individus est également vrai des gouvernements. Quel que puisse être le revenu, il y aura toujours le besoin impérieux de le dépenser. Mais, entre les gouvernements et les individus, il y a cette différence essentielle, que le gouvernement prend rarement la peine de se demander même quel est son revenu. Si nous nous mettions à adopter dans nos affaires privées les méthodes des finances publiques, il nous faudrait ignorer le total de notre revenu et ne considérer que ce que nous aimerions dépenser. Nous pourrions décider d'acheter une seconde voiture, d'agrandir la maison, de faire l'acquisition d'un canot à moteur aussi bien que d'un yacht, d'une maison de campagne sur la Côte et de longues vacances aux Bermudes. Tout cela, devrions-nous nous dire, constitue l'indispensable. Il ne resterait qu'à ajuster notre revenu pour faire face à ces simples nécessités ; et si nous faisons quelques économies, ce sera en ce qui concerne les impôts. Au contraire, un gouvernement qui appliquerait les méthodes des finances individuelles aux dépenses publiques commencerait par essayer de calculer ce que devrait être son revenu. Ayant tant à dépenser, combien faudrait-il allouer à quelles et quelles dépenses ? Un gouvernement qui adopterait cette nouvelle méthode instaurerait une révolution dans les finances publiques. C'est le principal objet de ce livre que de montrer qu'une telle révolution n'a que trop tardé.

Le revenu gouvernemental, par opposition au revenu individuel, est historiquement lié à l'incidence de la guerre. Dans tous les systèmes de revenus publics, on a toujours prévu les dépenses temporaires causées par un conflit. En période de crise, quand nos intérêts, nos croyances, notre orgueil ou même notre existence sont en jeu, nous sommes prêts à payer à peu près n'importe quoi pour prix de la victoire. La guerre se termine et avec elle les dépenses temporaires que tout le monde a considéré être plus ou moins inévitables. Théoriquement, le revenu de l'Etat devrait retomber à peu près là où il en était auparavant. En pratique, c'est rarement le cas. Alors que le revenu gouvernemental demeure presque à son niveau du temps de guerre, les dépenses du temps de paix s'élèvent pour faire face à ce revenu. Autrefois, bien sûr, l'action de cette loi était quelque peu entravée par deux considérations qui n'ont plus cours. D'abord, on estimait généralement que les impôts devaient être quelque peu réduits en temps de paix pour permettre de les élever de nouveau en temps de guerre. Mais en un siècle où chaque guerre l'une après l'autre est censée être la dernière, cette théorie ne trouve plus de soutien. Ensuite, il y a des modes d'extravagance qui ne se pratiquent que de moins en moins. Il y a (éventuellement) une limite physique, par exemple, au nombre de banquets et aux satisfactions que peuvent procurer les danseuses. Il n'en va malheureusement pas de même des luxes ministériels et techniques. Les conseillers économiques et culturels peuvent se multiplier bien au-delà du point où l'on considérerait les concubines comme abusivement nombreuses ; au-delà même du point où on pourrait les considérer comme insupportables. Sur le plan financier comme sur le plan esthétique, la situation a donc gravement empiré.

Dans des pays comme la Grande-Bretagne et les Etats-Unis, l'initiative, en matière de finances publiques, vient des services du gouvernement qui décident chaque année de leurs besoins pour l'année à venir. Après avoir tenu compte des prix actuels et des développements futurs, le fonctionnaire expérimenté ajoute dix pour cent au total, supposant (sans avoir toujours raison) que la somme qu'il demande sera contestée à un étage quelconque de la hiérarchie des finances. A supposer pourtant que cette contestation ait bien lieu, les dix pour cent ajoutés sont supprimés au niveau du ministère quand il s'agit d'établir le projet de budget pour l'ensemble des services. A cette estimation, le ministre ajoute de nouveau dix pour cent, en supposant (et il n'a pas toujours raison) que la somme qu'il demande sera contestée par les Finances. Après la discussion prévue, le nouveau budget est déposé devant le ministre responsable, en Angleterre le Chancelier de l'Echiquier, qui fait le total des demandes de tous les ministères et décide comment devra être perçu le revenu de l'Etat pour qu'il soit égal aux dépenses. Avec l'accord de ses collègues, il présente la note à la Nation. Voici le total des sommes dont le gouvernement a besoin, et voici les impôts que le peuple aura à payer.

Mais, demandera-t-on, et les sauvegardes ? Les comptes et les projets de budget ne sont-ils pas discutés en présence des représentants du peuple ? N'existe-t-il pas un ministère des Finances pour jouer le rôle de chien de garde auprès des deniers publics ? N'existe-t-il pas des règlements conçus pour mettre un frein à l'extravagance et au pillage ? Toutes ces sauvegardes existent incontestablement. Les résultats que l'on connaît soulignent assez leur futilité. Mais les raisons de leur futilité sont moins évidentes, et valent peut-être la peine d'être examinées, parce qu'elles sont curieuses en soi et parce qu'elles apportent la clé d'une amélioration possible. En bref, la réponse est que les comptes ne veulent rien dire, que le ministère des Finances est impuissant et que les règlements sont compliqués au point de rendre l'économie non pas difficile mais impossible.

Pour commencer par les comptes et projets de budget présentés à la Chambre des Communes et dont le public peut prendre connaissance, il est intéressant d'apprendre qu'un mode de perception des impôts datant de 1129 et comprenant un caissier, un coupeur d'entailles, un auditeur, un employé à la gabelle, un rédacteur de la taille et plusieurs chambellans survécut jusqu'en 1826. A part cela, toutefois, le fait fondamental à retenir est que les budgets, quels qu'ils soient, ont été conçus pour servir durant une période particulière de l'histoire. Introduits pour la première fois durant la seconde guerre de Hollande (en 1666), ils avaient pour principal objet d'empêcher l'argent voté pour les crédits de la Marine d'être dépensé par Charles II pour la fort charmante duchesse de Portsmouth. Même avec cet objectif strictement limité, la méthode choisie ne connut pas un succès éclatant. Le système fut donc modifié, de façon à prendre sa forme actuelle en 1689, année où il permit plus ou moins d'empêcher Guillaume III de dépenser les deniers de l'Etat pour ses amis... qui n'étaient même pas des amies.

Conçu à l'origine pour sauvegarder le tiroir-caisse, le système de comptabilité publique remonte à une période antérieure à celle où la comptabilité en partie double était généralement connue, sauf parmi les non-conformistes comme Defoe. Il remonte en outre à une époque où rares étaient les gentilshommes qui connaissaient même les chiffres arabes, le cadran installé dans la cour ne comprenant que les chiffres romains, que ceux qui avaient reçu une éducation classique pouvaient comprendre. Le résultat est que ces comptes publics, qui même en 1689 ne représentaient pas le dernier cri du modernisme, commencent aujourd'hui à être presque périmés. Ce système de comptabilité, il est vrai, a été modifié à la suite d'une enquête effectuée en 1828-1829, mais le rapport du comptable professionnel fut laissé de côté en faveur des recommandations faites par les fonctionnaires ; ceux-ci étaient hostiles à la comptabilité en partie double et ne firent rien pour dissiper la confusion qui existait précédemment entre l'actif et le passif, entre le capital et la circulation fiduciaire. En 1904, Mr Thomas Gibson Bowles, membre du Parlement, pouvait donc décrire les comptes de la Nation comme « désordonnés, imprécis, compliqués et présentés de façon à dissimuler, voire à falsifier les faits ». En 1957, Mr John Applebey remarqua que les responsables de la comptabilité publique semblaient se perdre eux-mêmes dans leurs comptes comme tout le monde.

Bref, on peut justement conclure que ceux qui sont responsables des comptes de la nation britannique ne sont pas tout à fait au courant des méthodes employées aujourd'hui en comptabilité. En tant que moyen de contrôle, en tant que système permettant de rendre ces comptes publics, la façon dont ils sont tenus ne vaut guère le papier sur lequel on les rédige. Les comptes qui discréditeraient une société de courses de lévriers de trente-sixième ordre sont chaque année présentés en grande pompe à la Nation, et souvent par un homme d'affaires qui devrait savoir ce qu'il fait, et qui le sait souvent. Loin de s'améliorer dans leur forme, ces comptes

Action
Action!
ACTION PLEASE!
IMMEDIATE
MOST IMMEDIATE

sont devenus plus complexes et plus embrouillés à mesure que les sommes qui y figuraient ont proliféré et se sont enflées. Ils ne sont pas exacts et ne s'équilibrent pas. Le rôle du comptable, c'est de révéler les éléments de la position financière dans le langage des affaires, c'est-à-dire l'argent. Dans ce langage, il doit dire la vérité et toute la vérité. Mais ceux qui présentent les comptes de la Nation ne font rien de cela. Ils ne présentent que le tableau d'une confusion aussi digne qu'archaïque.

Et le Trésor, ce gardien de la richesse publique ? On admet par principe que le Trésor s'occupe des nouvelles dépenses, les ministères eux-mêmes s'occupant des anciennes dépenses. Mais de quel genre de contrôle financier s'agit-il là ? La division des responsabilités ne veut rien dire ; car le problème de la véritable économie est un et indivisible. Avec un tel système, on demande un employé supplémentaire tout en gardant celui qui était déjà en surnombre. Aucun ministère ne déclare jamais avoir des effectifs superflus, de crainte d'en avoir besoin de nouveaux et que sa renaissance ne nécessite de nouvelles démarches auprès du Trésor. D'ailleurs, la suppression d'un poste dans le ministère A ne faciliterait en rien la création d'un poste différent dans le département B, les deux problèmes étant examinés en fait par des autorités séparées et comme des phénomènes absolument sans rapport. De telles pratiques ne peuvent que créer une attitude dégagée de toute responsabilité chez les gens qui n'ont pas le droit de considérer le problème dans son ensemble. Et l'expérience montre que des adultes traités comme des enfants peuvent se comporter de façon fort puérile.

Quant aux règlements imposés aux fonctionnaires, tout ce qu'ils font c'est ajouter la rigidité au gaspillage. Tout le système des crédits ne convient que pour les comptes en espèces et il est parfaitement inutile quand il s'agit d'opérer un contrôle. Les crédits ministériels ne représentent pas, pour commencer, les frais d'entretien du ministère auquel ils correspondent. Le budget de l'Armée ne comprend pas la papeterie, car celle-ci est fournie par le Service de Papeterie de Sa Majesté ; le budget du Service de la Papeterie ne comprend pas les bâtiments (car ceux-ci appartiennent au Service des Travaux publics) et ainsi de suite. Les crédits ne correspondent pas davantage à ce que l'on fait. Ainsi, le budget de la Marine comprend quinze chapitres, de 1 (pour les paies) à 15 (pour l'accroissement des chambres pour personnel navigant marié), avec des chapitres séparés pour la construction navale, les armements et le bureau de l'Amirauté. De même, le budget de l'Armée comprend différents chapitres, le numéro 1 pour les soldes, le numéro 17 pour les fournitures, le numéro 9 pour les stocks de guerre, etc. Mais ni l'Armée ni la Marine ne sont organisées ainsi. La Marine est organisée en unités navigantes et au sol. L'Armée est divisée en bataillons, en batteries, en dépôts et en écoles, dont le budget respectif n'apparaît nulle part. Tout ce qu'assure le système, c'est que l'argent voté pour l'achat de véhicules ne doit pas être dépensé pour des armes. Et s'il l'était ? A quel moment s'en aperçoit-on ? Le Parlement ne doit pas se préoccuper de cela. Ce que les fidèles Communes pourraient surveiller plus utilement, c'est le coût relatif de l'Administration et des troupes. Combien de bataillons supplémentaires pourrait-on maintenir sur pied avec les sommes dépensées pour entretenir la section financière du ministère de la Guerre ? De quoi aurons-nous sans doute le plus besoin en cas de crise : de feuilles d'émargement ou de baïonnettes, de livres de comptes ou de canons ? C'est une question de politique, alors que le total des crédits réservé au tissu d'uniforme est presque exclusivement une question qui regarde l'expert. La rigidité actuelle n'est qu'un gaspillage d'efforts, de temps et d'argent, ne servant à rien d'utile.

Voilà donc pour les sauvegardes officielles. A la lueur de leur impuissance, il ne reste, pour mettre un frein à l'extravagance, que la presse et l'opinion publique. On pourrait croire que ce sont là des moyens efficaces, la presse n'éprouvant pas une grande tendresse pour la bureaucratie, et le corps des contribuables portant un intérêt direct à la gestion économique de leurs affaires. Pourquoi la presse et l'opinion publique se révèlent-elles impuissantes là où leurs propres intérêts se trouvent en jeu ? La réponse à cette question, c'est qu'on ne peut, de l'extérieur, imposer d'économie véritable à une organisation ; il faut commencer au centre. De temps en temps, la presse crie bien à l'extravagance des fonctionnaires, publiant des détails sur un apparent gaspillage que les ministères intéressés sont souvent en mesure de démentir. Plus généralement, ces attaques sont simplement ignorées, les fonctionnaires sachant bien qu'au bout de quelques jours, les journaux s'intéresseront à autre chose. Imaginons cependant que la campagne de presse provoque des interpellations à la Chambre des Communes et que l'on apporte la preuve que certaines des allégations parues dans la presse sont exactes : quel sera le résultat ? La conséquence inévitable est la désignation d'une Commission royale, procédé destiné à repousser cette affaire jusqu'après les prochaines élections.

L'enquête officielle commence son laborieux travail, les membres de la Commission étant (supposons-le) des gens expérimentés, intelligents, énergiques et impitoyables. Ils n'arrivent à rien ou presque rien. Pourquoi ? Parce que toute l'opération est faussée à la base.

Supposons que les arsenaux soient le sujet de l'enquête et que la Commission vienne les examiner l'un après l'autre. Les membres de la Commission comprennent des amiraux en retraite et des ingénieurs en exercice qui connaissent fort bien la question. Ils entendent des témoignages, ils posent des questions : « Qu'est-ce que ces gens-là sont censés faire ? » « Qu'est-ce que toute cette ferraille ? » « Comment vous débarrassez-vous du mâchefer et des copeaux de bois ? » « Pourquoi payer tant de gens pour faire si peu de chose ? » Mais ils ne tardent pas à observer un phénomène qui s'explique mieux en terme de zoologie. En présence des loups, on dit que les moutons forment un peloton serré, cornes tournées vers l'extérieur, et les plus faibles du troupeau au centre. Les fonctionnaires font la même chose. Confrontés avec un commun péril, ils adoptent cette formation ne cédant sur rien, niant tout, dissimulant tout. C'est un fait bien connu en biologie et contre lequel les membres de la Commission doivent lutter en vain. Leur rapport, quand on finit par le publier, aurait tout aussi bien sa place aux cabinets. En tout cas, on ne pousse pas la question plus avant.

Le simple contribuable est souvent mieux placé pour connaître le gaspillage commis dans l'administration que le politicien ou que le journaliste. D'abord, il peut fort bien être lui-même employé à l'arsenal. C'est donc théoriquement son intérêt aussi bien que son devoir que de venir dénoncer l'extravagance quand il en est témoin. Il n'en fait pourtant rien, et cela pour deux raisons distinctes. Tout d'abord, il n'a rien à gagner que l'impopularité et les injures, il risque plutôt de se faire considérer, en mettant les choses au mieux, comme un maniaque et, au pire, comme un espion. Ensuite, il sait pertinemment que l'argent économisé dans un sens sera certainement gaspillé dans un autre. Rien de ce qu'il peut faire ne réduira les impôts qu'il a à payer. Il décide donc sagement de ne rien dire et de sauvegarder la bonne opinion qu'ont de lui ses voisins. En matière de dépenses publiques, on ne peut s'attendre à aucune assistance de la part du public en général, à moins que le dénonciateur ne soit personnellement récompensé et assuré en même temps que toutes les économies réalisées serviront à réduire les impôts auxquels il est soumis.

Pour résumer la situation, le revenu de l'Etat est considéré comme sans limites et les dépenses ne cessent de s'élever pour faire face à ces rentrées d'argent ; quant aux divers procédés qui sont censés mettre un frein aux dépenses, ils demeurent inopérants, ayant été conçus de façon erronée et mal interprétée. Le problème est grave et semblerait mériter notre attention. Que faire ? L'instinct moderne est de concevoir de nouveaux règlements, de nouvelles lois, et Dieu sait pourtant qu'il y en a plus qu'assez. La meilleure méthode, moins en vogue aujourd'hui, est de modifier la mentalité des vrais responsables, en pénalisant l'extravagance que l'on récompense aujourd'hui et en récompensant l'économie que l'on pénalise. Comme première mesure pour renverser le cours des choses, il nous faut bouleverser tout le processus des finances du gouvernement. Les ministres ne devraient pas commencer par s'enquérir de ce dont ont besoin les ministères. Ils devraient commencer par demander ce que le pays peut se permettre de dépenser. N'établissons pas notre budget personnel d'après ce que nos extravagances passées nous ont enseigné à aimer, mais d'après le revenu sur lequel nous pouvons compter. Bref, ne projetons pas de dépenser ce que nous n'avons pas. Le même principe qui gouverne les finances individuelles devrait s'appliquer aux finances publiques. La première question est de décider le rapport entre le revenu de l'Etat et le revenu national brut. Quelle proportion du revenu national devrait exiger le gouvernement ? Quelle proportion du revenu individuel le gouvernement peut-il prélever sans risque ? Et que se passe-t-il quand on dépasse cette proportion ? Les économistes (à une notable exception près) ont éludé ce problème en laissant supposer que, en ce qui concerne les dépenses gouvernementales, on ne saurait fixer de limites. C'est un des buts de ce livre que de montrer qu'il y a des limites et qu'elles sont plus étroites qu'on ne pense ; une limite au-delà de laquelle une imposition est indésirable, une limite au-delà de laquelle elle est dangereuse et une limite enfin au-delà de laquelle elle est fatale. Et ces limites sont clairement indiquées aussi bien par la théorie économique que par les faits historiques.

A la lumière de ces dangers connus, c'est au Cabinet de décider quel doit être le rapport entre les dépenses du gouvernement et le revenu national brut. Cette décision prise, on fixe un total pour l'impôt sur le revenu, total que les différents ministères doivent contribuer à établir. C'est au Cabinet de nouveau à décider de la distribution de ce total entre les divers ministères. A chaque ministre incomberait la responsabilité de subdiviser les crédits qui lui sont alloués entre les diverses branches et services de son administration. Avec ce système, on ne demanderait à aucun ministère de soumettre une estimation des dépenses prévues. On leur dirait au contraire de se limiter à une certaine somme. La Chambre des Communes n'aurait à se préoccuper que du total des dépenses et des crédits accordés respectivement à chaque ministère. On n'a pas besoin de demander aux membres du Parlement de voter les différentes sommes qui doivent être dépensées en essence et en huile, en encaustique et en chaussures. Ils peuvent très bien comparer avec les sommes distribuées par l'Air Force, ou le British Council, par le ministère de l'Education ou par celui de la Santé. Pour exercer un contrôle, comme pour prévoir, ils n'ont pas besoin de plus que cela, à condition de consulter également les *véritables* états des dépenses d'autrefois, lesquels états ils n'ont jusqu'à maintenant jamais été autorisés à voir.

L'évident avantage du système décrit plus haut est que l'on fixe une limite aux dépenses. Un avantage aussi important, sinon aussi évident, est que les dépenses deviennent flexibles au sein de chaque ministère, service, sous-service et unité. Les fonctionnaires eux-mêmes sont ainsi rendus responsables de l'économie, leur réussite ou leur échec apparaissant aussitôt clairement dans les comptes de l'année suivante. Ce sont les exécutifs, et eux seuls, qui savent où l'on peut sans risque faire des économies. Dès l'instant qu'ils comprennent que le développement qu'ils veulent effectuer dans une direction est conditionné par les économies qu'ils réaliseront dans une autre direction, on peut sans danger leur laisser la bride sur le cou ; sous réserve que l'avancement aille en premier lieu à celui qui sait montrer où des économies peuvent être réalisées. Un autre avantage, encore moins apparent, à première vue, serait la suppression de la surveillance exercée par le Trésor, avec tous ses défauts de contrôle éparpillé, d'inefficacité et de gaspillage. Au lieu d'une ingérence teintée de méfiance, le fonctionnaire ne connaîtrait que la laisse solide de la comptabilité. Il serait obligé d'accepter ses responsabilités, libre de prendre des initiatives et forcé de reconnaître que le coût et la valeur ne sont que différents aspects de la même idée.

Une fois la décision prise d'aborder du bon côté le problème financier, il ne resterait qu'à se gagner l'assistance du public pour prévenir le gaspillage. Pour ce faire, il faut tout d'abord un tribunal indépendant auquel on pourrait soumettre toutes les propositions d'économie ; un conseil de, disons, trois membres, comprenant un représentant du gouvernement. Ce tribunal entendrait les remontrances du public et des ministères intéressés et déciderait finalement si chaque économie proposée est réalisable ou non. Chaque décision en faveur d'une économie serait sanctionnée par un arrêté du ministre visant le personnel de son ministère et réduisant les crédits à venir de la somme à économiser. Le tribunal devrait avoir également pour tâche de récompenser l'auteur de chaque proposition acceptée par une diminution de son impôt sur le revenu en rapport avec la somme économisée. On devrait également s'assurer que toutes les sommes économisées iraient, non pas à un autre ministère, ni au Trésor, mais qu'elles serviraient uniquement à réduire la dette nationale. La dernière fonction du tribunal serait de recommander que l'on décerne des honneurs aux citoyens dont les propositions ont eu pour résultat les économies les plus considérables, ainsi que les fonctionnaires qui ont le mieux réussi à réduire des dépenses inutiles. Ce serait une petite révolution le jour où les fonctionnaires viendraient à se rendre compte qu'un titre nobiliaire se gagne plus facilement en économisant de l'argent qu'en en dépensant.

Il ne faudrait pas imaginer que la réforme des finances nationales ne rencontrerait aucune opposition. Dans ce domaine de l'administration, le réformateur se heurtera, inévitablement, à une phalange aux rangs serrés de fonctionnaires représentant un des plus solides droits acquis du monde. Leur opposition, bien que passive, sera redoutable. A toutes propositions d'un système de comptabilité acceptable, ils répondront avec un sourire apitoyé qu'on l'a essayé jadis au ministère de la Guerre, qu'on l'a trouvé sans intérêt et abandonné depuis longtemps. Ils se retireront alors derrière un écran de fumée de mystères techniques, murmurant enfin que les finances publiques sont quelque chose de bien plus complexe que ce qu'on croit généralement. Les comptes ne peuvent pas mentir, mais les menteurs peuvent conter.

Les attitudes hiératiques et ésotériques que l'on observe au Trésor ont amené à créer un terme spécial pour décrire leur culte : ésoterrorisme. Les fidèles de ce culte sont les ésoterroristes de Whitehall. Au XVIIIe siècle, ces mêmes gens dissimulaient les mystères des finances derrière les complications du latin médiéval et des procès-verbaux calligraphiés que les tribunaux abandonnèrent en 1733, continuant jusqu'à ce que l'Echiquier lui-même (mais pas son Chancelier) fût aboli sous le règne de Guillaume IV. L'Echiquier n'était d'ailleurs pas le seul à baigner dans son désordre archaïque, car une enquête de 1570 aux douanes de Londres tourna court parce que « les fonctionnaires ont une façon si obscure de tenir leurs livres ». Un membre du Parlement s'exclamait en 1691 : « Je suis stupéfait qu'à une époque si brillante et avec de tels gouvernements, tout soit plongé dans de telles ténèbres. » Les membres de la commission spéciale de 1829 signalèrent que « les comptes annuels laissent des millions de livres sans aucune explication détaillée de l'emploi qu'on en a fait », ce qui se révéla de nouveau être le cas en 1844 et l'est encore aujourd'hui. Les ténèbres sont devenues, si tant est que la chose soit possible, plus sombres encore, car à la confusion originelle des comptes se sont ajoutés le babil des experts et le jargon de l'école de sciences économiques de Londres. Après n'avoir été qu'un inconvénient, l'ésoterrorisme est en train de devenir rapidement une religion.

Les forteresses de l'ésoterrorisme sont imprenables depuis le temps de Gladstone. Parmi les broussailles qui entourent leur position, se trouvent les tombes de leurs attaquants de jadis, Florence Nightingale, Sir John Keane et Lord Randolph, Churchill. Il y a également la tombe mutilée de Sir Charles Harris, l'homme qui faillit livrer toute la citadelle, et en souvenir duquel, à chaque anniversaire de sa mort, les principaux ésoterroristes échangent encore une flèche empoisonnée. Qu'on n'aille pas croire que cette citadelle cédera au premier assaut. Qu'on ne doute cependant pas qu'elle ne résistera pas au dernier.

FINANCE

4

La haute finance

ou La course à l'abstrait

Les gens qui comprennent la haute finance se divisent en deux catégories : ceux qui possèdent personnellement une grosse fortune et ceux qui n'ont rien du tout. Pour l'authentique milliardaire, un milliard de francs représente quelque chose de réel et de compréhensible. Pour le mathématicien et pour l'économiste (en les supposant l'un comme l'autre au bord de la famine), un milliard est au moins aussi réel qu'un million, étant donné qu'ils n'ont jamais possédé ni l'une ni l'autre de ces sommes. Mais le monde est plein de gens qui se situent entre ces deux groupes extrêmes, qui ignorent tout des milliards mais qui sont rompus à penser en millions, et c'est parmi eux que se recrutent la plupart des membres des comités financiers. Il en résulte un phénomène qui a souvent été observé mais jamais encore étudié. On pourrait l'appeler la Loi de l'Insignifiance. Pour l'exprimer sous une forme simple, cette loi affirme que le temps consacré à un article de l'ordre du jour est inversement proportionnel à la somme dont il est question dans ledit article.

Quand je dis que l'on n'a jamais encore étudié le fonctionnement de cette loi, ce n'est pas tout à fait exact. On a bien procédé à quelques recherches dans ce sens, mais les chercheurs se sont engagés dans une direction qui ne les menait nulle part. Ils ont supposé que c'était à la succession des articles de l'ordre du jour qu'il convenait d'attacher la plus grande importance. Ils ont supposé en outre que la majeure partie du temps dont on disposait était consacrée aux articles un à sept et que les derniers articles étaient rapidement approuvés. Il faut bien le dire : on a perdu des années en recherches vaines car elles reposaient sur des bases erronées.

Si l'on entend pousser plus avant ces recherches, il convient de ne tenir aucun compte de tout ce que l'on a fait jusqu'ici. Il nous faut partir du commencement et bien comprendre la façon dont fonctionne en réalité un comité financier. Pour rendre la chose plus claire au profane, voici comment l'on peut la représenter :

Le Président : Nous en arrivons maintenant à l'Article 9. Notre trésorier, M. Duronton, va faire son rapport.

M. Duronton : Le coût approximatif du réacteur atomique, comme vous pouvez le voir, monsieur le Président, figure à l'appendice H du rapport de la sous-commission. Vous constaterez que le projet et le devis d'ensemble ont été approuvés par le professeur Bifission. Les frais s'élèveront au total de cinq milliards de francs. Les établissements Bâtidur chargés de la construction du réacteur, estiment que les travaux pourraient être achevés pour avril 1961. M. Tatillon, notre ingénieur-conseil, pense de son côté que la date d'octobre 1961 semble plus probable. C'est là une opinion partagée par le professeur Dumarteau, le géophysicien bien connu, qui insiste sur la nécessité où nous nous trouverons sans doute d'étayer dans la partie inférieure du remblai. Le plan du bâtiment principal est sous vos yeux — à l'appendice IX — et voici le projet de l'architecte. Je suis à la disposition des membres de ce comité pour toute question qu'ils voudraient bien me poser.

Le Président : Merci, monsieur Duronton, pour votre exposé si clair du projet. Je vais maintenant demander aux membres présents de nous donner leur avis.

Il importe ici de marquer un temps pour considérer les avis que peuvent bien avoir les membres dudit comité. Supposons qu'ils soient onze, y compris le Président, mais sans compter le Secrétaire. Sur ces onze membres, quatre — le Président inclus — ne savent pas ce que c'est qu'un réacteur. Parmi les autres, trois ignorent à quoi il peut servir. Sur ceux qui savent quelles peuvent être les utilisations d'un réacteur, deux seulement ont quelque idée de ce que devrait être son prix de revient. L'un de ceux-ci est M. Isaac, l'autre M. Leroy-Leroy. Tous deux pourraient dire quelque chose. Imaginons, par exemple, que M. Isaac parle le premier.

M. Isaac : Eh bien, monsieur le Président, j'aimerais pouvoir éprouver une confiance plus grande à l'égard des entrepreneurs et de notre ingénieur-conseil. Si nous nous étions adressés pour commencer au professeur Lévi et si nous avions chargé des travaux les Etablissements David et Goliath, je me sentirais sans doute plus rassuré. M. Dupont-Durand ne nous aurait pas fait perdre notre temps en vaines spéculations sur les possibilités de retard dans l'achèvement des travaux, et le professeur Abraham nous aurait dit avec précision s'il était nécessaire ou non d'étayer.

Le Président : Je suis convaincu que nous comprenons tous fort bien le désir de M. Isaac, désir que nous partageons d'ailleurs avec lui, de voir ce projet réalisé dans les meilleures conditions. Il me semble toutefois qu'il est un peu tard maintenant pour faire appel à de nouveaux conseillers techniques. Je sais bien que le contrat principal n'est pas encore signé, mais nous avons déjà dépensé des sommes considérables. Si nous refusons de tenir compte des conseils que nous avons déjà sollicités, nous devrons engager de nouveaux frais. *(Murmures d'approbation des autres membres.)*

M. Isaac : J'aimerais que mon intervention figurât au procès-verbal de la séance.

Le Président : Certainement. Peut-être M. Leroy-Leroy a-t-il lui aussi quelque chose à dire sur cette question ?

M. Leroy-Leroy est à peu près le seul à savoir de quoi il parle. Il aurait beaucoup de choses à dire. Ce chiffre rond de cinq milliards lui semble suspect. Pourquoi les frais de construction arriveraient-ils exactement à cette somme ? Pourquoi démolir les anciens bâtiments afin de construire la nouvelle rampe d'accès ? Pourquoi prévoir un budget aussi considérable pour les « faux frais divers » ? Et, au fait, qui est donc le professeur Dumarteau ? N'est-ce pas l'homme que la Compagnie Paimpolaise des Sables Mouillés a cité l'an dernier devant les tribunaux ? Mais Leroy-Leroy ne sait pas par où commencer. Les autres membres du comité seraient incapables de s'y reconnaître sur le plan s'il en faisait état. Il lui faudrait commencer par expliquer ce qu'est un réacteur et personne ne voudrait avouer qu'il l'ignore. Mieux vaut donc ne rien dire.

M. Leroy-Leroy : Je n'ai pas d'observation à faire.

Le Président : Un autre membre désire-t-il prendre la parole ? Très bien. Je puis donc considérer que le plan et le devis sont approuvés ? Je vous remercie. Je peux donc signer en votre nom le contrat principal ? *(Murmures d'approbation.)* Je vous remercie. Nous pouvons donc passer à l'Article 10.

Compte tenu des quelques secondes nécessaires pour froisser des papiers et dérouler les diagrammes, on a passé très exactement deux minutes et demie sur l'Article 9. Le travail avance. Mais certains membres éprouvent quelque gêne à propos de cet Article 9. Ils se demandent dans leur for intérieur s'ils ont vraiment fait montre d'autorité. Il est trop tard maintenant pour remettre en question cette histoire de réacteur, mais ils aimeraient donner la preuve avant la fin de la séance que rien ne leur échappe de ce qui se passe.

Le Président : Article 10. Garage de bicyclettes pour les employés de bureau. Nous avons reçu des Etablissements La Bricole un devis pour l'ensemble des travaux s'élevant à la somme de 985 000 francs. Vous avez sous les yeux, Messieurs, les plans et le détail du devis.

M. Malincot : Il me semble, monsieur le Président, que cette somme est excessive. Je vois que l'on a prévu un toit en tôle d'aluminium. Le carton d'amiante ne serait-il pas meilleur marché ?

M. Tienbon : Je suis d'accord avec M. Malincot en ce qui concerne la somme globale, mais le toit, à mon avis, devrait être en tôle galvanisée. J'estime que l'on devrait pouvoir construire ce garage pour 800 000 francs ou même moins.

M. Hardipetit : J'irais plus loin, monsieur le Président. Je me demande si ce garage est bien nécessaire. Nous en faisons déjà trop pour notre personnel. Les employés ne sont jamais satisfaits, voilà le malheur. Après cela, ils voudront des box individuels.

M. Tienbon : Non, je ne puis soutenir sur ce point M. Hardipetit. Je crois que ce garage est nécessaire. C'est seulement une question de matériau et de prix de revient...

La discussion est bien lancée. 985 000 francs, c'est une somme que tout le monde se représente facilement. N'importe qui s'imagine très bien aussi un garage à bicyclettes. La discussion se prolonge donc durant quarante-cinq minutes d'horloge, et s'achève sur la perspective d'une économie possible de 135 000 francs.

Le Président : Article 11. Rafraîchissements servis lors des réunions du Comité d'Entreprise. Coût mensuel : 1 875 francs.

M. Malincot : Quel genre de rafraîchissements sert-on lors de ces réunions ?

Le Président : Du café, me semblc-t-il.

M. Tienbon : Et cela représente un budget annuel de... voyons... 22 500 francs ?

Le Président : C'est exact.

M. Hardipetit : Vous savez, monsieur le Président, je me demande si c'est là une dépense justifiée. Combien de temps durent ces réunions ?

Alors s'engage une discussion plus âpre encore. Peut-être certains membres du comité ne peuvent-ils faire la distinction entre le carton d'amiante et la tôle galvanisée, mais tout le monde sait ce que c'est que du café — comment on doit le préparer, où on doit l'acheter — et si même on doit l'acheter. Cet article de l'ordre du jour occupera les membres du comité pendant une heure un quart, et ils finiront par demander au Secrétaire de leur fournir un supplément d'information, la question étant réservée pour la prochaine séance du comité.

Il serait normal de demander ici, si une somme plus minime encore — 900 francs, peut-être, ou 500 — occuperait le comité financier pendant un temps proportionnellement plus long. Il faut convenir que, sur ce chapitre, nous sommes encore dans l'ignorance. Nous croyons cependant pouvoir affirmer qu'il existe un point à partir duquel la tendance se renverse, les membres du comité estimant que la somme est indigne de leur attention. Il reste encore à fixer le point où s'effectue ce renversement. Le passage du débat de 20 000 francs (une heure et quart) au débat de 5 000 francs (deux minutes et demie) est en effet assez brutal. Il serait d'autant plus intéressant d'établir le point précis où se produit ce renversement. Cela aurait même une valeur pratique. A supposer, par exemple, que le point où le comité cesse de s'intéresser à la discussion d'une somme d'argent, soit 10 000 francs, le trésorier qui aura à faire voter une dépense de 18 500 francs pourrait décider de fractionner cette somme en la faisant passer au titre de deux articles différents, une fois pour 9 000 francs et l'autre fois pour 9 500 francs, ce qui éviterait du temps et des efforts perdus.

On ne saurait, à ce point de nos recherches, que tirer des conclusions provisoires, mais il y a quelque raison de supposer que le point où le comité cesse de s'intéresser à une somme d'argent représente précisément la somme que chaque membre du comité est disposé à perdre dans un pari ou à verser à une œuvre de charité. Une enquête menée dans ce sens sur les champs de courses et devant les comptoirs des ventes de charité permettrait sans doute de faire un pas important vers la solution. On aurait beaucoup plus de mal à déterminer le point exact où la somme en question devient trop importante pour être tout simplement discutée. Il semble toutefois que l'on consacre à peu près le même temps quand il s'agit de cinq milliards ou de cinq mille francs. L'estimation que nous avons donnée de deux minutes et demie est loin d'être exacte, mais il existe de toute évidence un laps de temps — compris entre deux et quatre minutes — qui suffit à discuter des sommes les plus considérables et des plus minimes.

Il reste encore bien des recherches à faire dans ce domaine, mais les résultats définitifs, quand ils seront publiés, ne sauraient manquer d'être pour l'humanité tout entière d'un extrême intérêt et d'une valeur pratique immédiate.

5
Les limites de l'imposition

On peut, comme nous l'avons vu, grouper les impôts en deux grandes catégories, ceux que l'on s'impose à soi-même et ceux que l'on inflige aux autres. Les impôts de la première catégorie, dont l'histoire offre fort peu d'exemples, sont par définition limités. Ils peuvent s'élever en période de crise, mais une fois le danger écarté, ils auraient tendance à diminuer. Les Etats-Unis, au début de leur histoire, ont offert un exemple d'imposition entrant dans cette catégorie. La Grande-Bretagne du XIXe siècle en a donné un autre exemple, du moins pendant une certaine période, et l'on connaît d'autres cas, aussi bien dans l'histoire ancienne que moderne. Mais la plupart des impôts entrent dans la catégorie de charges imposées au contribuable par d'autres. Les impôts décrétés par les monarchies d'autrefois étaient tous de ce type, et il en va de même des impôts progressifs d'aujourd'hui à tous les niveaux supérieurs à la moyenne et votés par ceux auxquels ne s'appliqueront pas les taux les plus lourds.

Les impôts infligés aux contribuables par d'autres s'élèveront inévitablement à mesure que s'accroîtront les dépenses de l'Etat, lesquelles augmentent conformément à la Seconde Loi de Parkinson. Leur seule limite est le point où la victime refuse de payer, et les dépenses ne manqueront pas de s'élever jusqu'à ce point, en vertu du principe qui régit leur développement. Jadis, on atteignait ce point de refus quand les impôts réclamés dépassaient de plus de dix pour cent le revenu national brut. Nos renseignements sont évidemment précaires, mais les chiffres que nous possédons permettent de le fixer entre 5 et 10 %, sauf dans les cas où l'économie tout entière s'était effondrée. Il va de soi que le montant de l'impôt sera quelque peu supérieur à ce qu'il en coûte de l'éviter. Pour les droits de douane, deux et demi pour cent constituaient à l'origine la limite naturelle, et environ 10 % pour les impôts fonciers. Ce taux devait être en rapport avec le coût et le risque d'une émigration vers d'autres régions. On trouve un des premiers exemples d'une telle émigration dans le « Livre de l'Exode ». Le Pharaon imposa les Israélites en prestations de service. « Et les Egyptiens obligèrent les enfants d'Israël à servir avec rigueur ; et ils rendirent leur vie pénible en les asservissant durement, en les faisant travailler comme maçons, comme charpentiers et en leur faisant accomplir toute sorte de travaux agricoles. » A un point non spécifié de cette augmentation constante de l'imposition, les Israélites estimèrent que le moment était venu d'aller ailleurs. Dans la Malaisie du siècle dernier, les Chinois des mines d'étain acceptaient de céder à un chef malais jusqu'à dix pour cent de leur salaire en échange de leur « protection ». S'il exigeait davantage, ils s'en allaient vers une autre région minière où le chef demandait moins. Certains chefs avaient la même réaction que le Pharaon et avec à peu près le même résultat. En n'hésitant pas à généraliser audacieusement, on peut dire que les gens qui produisent ont découvert par expérience qu'il leur faudra toujours abandonner dix pour cent à quelqu'un, qu'il s'agisse d'un gangster, d'un seigneur féodal ou d'un service de Contributions directes. Dans tous les cas, cela revient à peu près au même, puisque l'on n'échappe généralement à un type de percepteur que pour être vic-

time du chantage exercé par un autre. Jusqu'aux environs de dix pour cent, le prélèvement est, semble-t-il, en accord avec une loi naturelle. Quand il dépasse sensiblement ce taux, le moment est venu pour les Israélites d'étudier leur atlas. Il peut y avoir des endroits préférables à l'Egypte : en fait, il y en a.

Si l'on étudie l'histoire des finances publiques, on est tenté de conclure que les gens sont disposés à payer des impôts jusqu'à un certain point ; jusqu'à dix pour cent, par exemple. Ce serait une lourde erreur que de l'admettre. Les gens normaux répugnent toujours à payer n'importe quel impôt, quel qu'en soit le taux. Ils exprimeront leurs doléances tout aussi vigoureusement, que les impôts soient lourds ou légers. Les Chinois n'ont jamais considéré le paiement du dixième de leurs revenus comme « parfaitement juste et équitable », malgré tout ce qu'ont pu dire les érudits. Mais ils estimaient en effet qu'un tel impôt était usuel et inévitable. Cela dit, en notant la résignation des contribuables d'antan, il nous faut également remarquer les circonstances qui limitaient leurs risques. Car, dans l'Empire romain ou chinois, le passage d'une province à l'autre en tout cas était relativement facile. La situation est radicalement différente lorsqu'il n'y a nulle part où aller, ou quand l'imposition est tout aussi lourde ailleurs. Dans ces circonstances totalement modifiées, la barrière de dix pour cent se trouve supprimée et les impôts vont atteindre un nouveau maximum. Au sein des frontières rigides du nationalisme moderne, par exemple, le contribuable est bel et bien captif. Ses impôts s'élèveront donc jusqu'à ce qu'ils atteignent un nouveau point de refus. Et à quel niveau trouvera-t-on ce point ?

Cette importante question a été discutée par le brillant économiste victorien, J.-R. McCulloch, qui écrivit :

« L'oppression, a-t-on dit, ou bien élève les hommes au rang des héros, ou bien les rabaisse au niveau des esclaves ; et l'imposition, selon son ampleur et le mode suivant lequel elle est appli-

quée, rend les hommes ou bien industrieux, entreprenants et riches, ou bien indolents, découragés et appauvris. »

McCulloch juge ici la limite d'imposition possible d'après la réaction des contribuables, laquelle pourrait évidemment varier suivant les circonstances. Il est cependant clair, d'après les observations ci-dessous et dont il est également l'auteur, qu'il envisageait les impôts à l'intérieur de certaines bornes. Il comptait ainsi trouver une vive opposition à l'impôt direct allant de 10 à 15 % du revenu du contribuable, cette opposition suffisant en fait à le transformer en impôt sur l'honnêteté et en prime à la fraude.

« ... *s'il était porté à un taux élevé, de l'ordre de 10, 15 ou 20 %, il pourrait engendrer la prostitution de principe la plus éhontée et lourdement contribuer à miner ce merveilleux sens de l'humour qui est le seul fondement sûr de la probité et de la vertu nationales.* »

La conclusion de McCulloch a été plus que soutenue par l'expérience. La réaction du contribuable qui ne peut échapper à l'impôt en émigrant est de le réduire par quelque autre méthode d'évasion fiscale. On a vu que les contribuables britanniques de 1909 semblaient avoir ainsi réduit leur impôt théorique de 1 shilling à 7 pence 3/4 par livre. Au-dessus de dix pour cent, l'effort d'évasion fiscale s'intensifie, à mesure que le temps que l'on prend et la peine que l'on se donne assurent un meilleur rendement que ne le ferait l'effort nécessaire à acquérir un revenu supérieur, lequel serait de nouveau soumis à l'impôt. Il est clair qu'un impôt direct correspondant de 10 à 20 % du revenu du contribuable tend à détourner l'initiative et l'ingéniosité de celui-ci vers des voies nouvelles et qui ne profitent nullement à la communauté dans son ensemble. Bien mieux, l'intelligence consacrée à l'évasion fiscale doit trouver au moins son égale chez ceux qui se consacrent à la perception de l'impôt. Et, malgré toute l'ingéniosité déployée dans le camp des fonctionnaires, chaque augmentation d'impôts assure un rendement plus mauvais qu'autrefois. On peut, du moins en théorie, arriver au point où aucune augmentation d'impôts n'améliorerait le revenu de l'Etat. Mais, avant qu'on en soit parvenu là, la situation aura dû se transformer encore.

Lord Kynes fut le premier à remarquer vers 1923 ce qui se produit quand l'imposition directe prend jusqu'à 25 % du revenu national. Ce fut lui qui fit remarquer que l'imposition, passé un certain point, provoque l'inflation. Quand il y a un impôt lourd sur les bénéfices industriels, les employeurs peuvent réduire l'impôt en répartissant les bénéfices parmi leur personnel : forme de générosité qui ne coûte pas grand-chose. La résistance aux revendications de salaires ainsi diminuée, la valeur de la monnaie décline. Les frais de représentation sont un autre moyen de distribuer les bénéfices. Certains observateurs américains ont déjà attiré l'attention sur l'effet inflationniste de « l'économie des notes de frais ». Un grand nombre de cadres subalternes préfèrent de généreuses notes de frais à une augmentation de salaire qui serait lourdement grevée d'impôts et plus sérieusement dépensée. Ce sont eux qui font vivre ce qu'on appelle aux Etats-Unis « les restaurants à notes de frais », des établissements au décor exotique où la clientèle déjeune dans des ténèbres quasi complètes. On ne peut pas lire les prix du menu, mais, étant donné les circonstances, ça n'a pas d'importance. Pour la firme, c'est une forme de rémunération moins coûteuse. Pour la communauté, c'est une autre cause, mineure peut-être, d'inflation. A mesure que l'inflation se développe, une politique de dévaluation trouve alors des partisans, si bien que les créanciers de l'Etat, ceux qui ont acheté des actions gouvernementales, sont dupés en vertu d'un procédé devenu courant. En annulant une certaine partie de la dette nationale, l'Etat redevient solvable et la valeur réelle des impôts va commencer à diminuer. L'argument qu'invoquait en 1945 Colin Clark, c'est que l'imposition excédant 25 %

du revenu national va à l'encontre du but recherché. Cet argument a fait couler beaucoup d'encre à l'époque, mais n'a pas rencontré parmi les économistes une approbation unanime. Si un grand nombre d'experts ont admis qu'il devait exister une limite quelque part, ils ont estimé qu'elle pouvait varier suivant le caractère national et d'autres circonstances. On sait que feu Sir Stafford Cripps croyait que les Britanniques supporteraient une imposition presque sans limites, et c'est de toute évidence sur cette hypothèse que repose la politique financière britannique. Et ceux qui partagent l'opinion de Cripps peuvent faire observer quelle a été l'histoire des impôts en Grande-Bretagne depuis 1939. Les receveurs des contributions britanniques (des administrations centrales et locales), qui percevaient 25,4 % du revenu national en 1938 et 39,8 % en 1947, en prélevaient encore une plus grande part (40,1 %) en 1950, sans qu'aucune catastrophe économique s'ensuivît. L'ensemble du problème fut débattu au Symposium de l'Institut des Impôts de 1953, où la plupart des délégués reconnurent plus ou moins ouvertement que l'Angleterre se tuait sous l'impôt. Rares étaient cependant ceux qui étaient disposés à dire à quel point l'augmentation de l'imposition aurait dû être freinée, et plus rares encore ceux qui se seraient mis d'accord sur une règle applicable à tous les pays, à toutes les périodes de l'histoire.

Ce qui ressort de toutes les discussions sur ce sujet, c'est que les peuples sont prêts à payer de lourds impôts quand ils luttent pour leur existence. Quand ils n'ont d'autre alternative que payer des impôts ou risquer la destruction nationale, les gens sont prêts à payer, sans trop se plaindre, des impôts allant jusqu'à 50 % du revenu national. Le point de refus n'est atteint que quand l'on se demande si l'existence en vaut la peine. Il semble également que l'atmosphère de crise puisse être maintenue dans une certaine mesure une fois la guerre finie. On peut encore lancer des appels au patriotisme, avec la promesse qu'un monde meilleur va venir. On n'a aucune raison de supposer qu'une orgie de destruction mutuelle devrait avoir pour résultat un monde meilleur, mais c'est une promesse souvent faite et souvent crue. En Grande-Bretagne du moins, on a payé des impôts s'élevant jusqu'à quarante pour cent du revenu national sans protester pendant de nombreuses années. La tentation parmi les responsables est de supposer que tout va bien et que le contribuable peut supporter indéfiniment des impôts de cette importance. En fait, cependant, les résultats d'une imposition accablante sont lents et cumulatifs. Des exemples historiques permettent d'illustrer un processus d'étranglement qui se poursuit sur de nombreuses années. Le rythme aujourd'hui se trouve accéléré, mais pas au point d'être immédiatement perceptible. Il est donc d'autant plus important de noter les symptômes qui marquent l'évolution de la maladie. Ces symptômes sont successivement la diminution de l'influence internationale, de la liberté et de la stabilité.

La diminution d'influence découle d'un affaiblissement. Parmi quelques-uns des futurs belligérants de 1909, les chiffres de l'imposition totale étaient les suivants :

	Chiffre de la population arrondi au millier d'habitants	*Imposition en Livres*
Royaume-Uni	45 469 000	151 955 000
France	39 252 000	95 055 544
Autriche-Hongrie ..	51 251 000	111 686 082
Etats-Unis	88 926 000	109 384 916
Allemagne	63 879 000	88 055 333
Russie	160 095 000	72 853 500
Italie	34 270 000	50 577 962
Japon	53 273 000	32 831 510

Entre ces divers pays, il y avait des différences importantes de développement et de richesse. Le fait demeure néanmoins que la Grande-Bretagne était le pays le plus lourdement imposé durant les années précédant la Première Guerre mondiale, la France venant en mauvais second et l'Autriche-Hongrie en bon troisième. C'étaient les Etats dont l'influence devait décliner brusquement dans les années qui suivirent la guerre. Les deux pays où l'imposition était la plus légère furent ceux dont l'influence augmenta le plus. En 1938, les pays les plus lourdement imposés étaient dans l'ordre l'Allemagne, la Grande-Bretagne et la France, de nouveau, les pays dont l'influence allait par la suite décliner. Bien que d'autres facteurs doivent avoir leur importance, un pays comme les Etats-Unis qui, en 1938, combinait la richesse avec un taux d'imposition bas, était évidemment plus redoutable qu'un pays qui était déjà lourdement imposé avant même que la guerre commençât. Le contraste entre les vastes possibilités d'imposition et la faiblesse du taux d'imposition adopté est un signe de force latente et qui n'échappe pas aux yeux du monde. Les puissances rivales ne manqueront pas non plus de remarquer le niveau élevé d'imposition maintenu aujourd'hui dans des pays comme la Grande-Bretagne et la France. Aucun de ces pays, en concluront-ils, ne combattra jamais sauf pour défendre ses frontières. Un pays placé dans cette situation, sans marge visible de force, ne peut avoir qu'une influence de plus en plus faible dans les affaires internationales. Personne ne croit qu'un pays ainsi édenté fera rien pour étendre ou même pour consolider ses intérêts. Il ne peut même pas grand-chose pour maintenir la paix. On peut dans l'ensemble l'ignorer purement et simplement.

Le premier effet dès lors d'un taux d'imposition élevé en temps de paix est de réduire l'influence d'un pays dans les affaires mondiales. Le second effet se mesure à la diminution de la liberté individuelle. On ne saurait à ce propos citer trop souvent les paroles de Thomas Jefferson :

« Je place l'économie parmi les premières et les plus importantes

des vertus, et la dette publique parmi les plus grands des dangers à redouter... pour préserver notre indépendance, nous ne devons pas laisser nos dirigeants nous accabler sous le fardeau de la dette publique... nous devons choisir entre l'économie et la liberté ou bien la profusion et la servitude.

« ... Si nous faisons de telles dettes, il faut imposer notre viande et nos boissons, ce qui nous est nécessaire et ce qui assure notre confort, notre travail et nos amusements... si nous pouvons empêcher le gouvernement de gaspiller le labeur du peuple sous prétexte de veiller sur lui, le peuple sera heureux. »

Ce sont des paroles prophétiques. Gaspiller le labeur du peuple « sous prétexte de veiller sur lui » est exactement ce que font nos gouvernements. La liberté se fonde sur la propriété individuelle. Elle implique la liberté d'expression en architecture et dans l'art. Elle ne peut exister, là où les dirigeants possèdent tout, même quand ils concèdent un droit de fermage limité. Mais on croit aujourd'hui que la part du revenu que l'on peut consacrer aux dépenses personnelles est une concession octroyée par l'Etat. L'imposition est destinée à promouvoir l'égalité, l'imposition dépasse les vrais besoins publics, et surtout l'impôt qui est progressif de façon à empêcher l'accumulation de capitaux privés est incompatible avec la liberté. Contre un Etat qui possède tout, l'individu n'a ni les moyens de se défendre ni d'ailleurs rien à défendre. Pour l'être humain normal, qui n'est pas un artiste créateur ni un savant, les moyens d'expression consistent surtout à modifier l'ameublement, à entretenir des jardins, à planter des arbres et à élever sa progéniture. En perdant ces facultés d'expression, l'individu perd son individualité, sa liberté et son espoir. La troisième conséquence d'un taux d'imposition élevé en temps de paix est la disparition de toute stabilité. Il existe un grand nombre de réussites humaines, et notamment certaines des plus belles, qui ont besoin de plus que de la durée d'une seule vie pour être parachevées. L'individu peut composer une symphonie ou peindre un tableau, par l'Etat. Au-dessus de 30 %, le déclin de l'influence nationale, que l'expert avait observé depuis longtemps, devient apparent aux yeux du monde entier. A 35 %, apparaît un déclin visible de la liberté et de la stabilité. A 36 %, c'est le désastre, complet et définitif, bien que pas toujours immédiat. L'imposition au-delà de ce point, réalisable et peut-être nécessaire en temps de guerre, est mortelle en temps de paix. 36 % représentent pour la plupart des pays le bord du précipice de l'imposition.

Dans une certaine mesure, l'image du précipice est erronée, car la chute d'une nation est moins dramatique que la chute d'un véhicule ou d'un homme. Un pays peut vivre un certain temps sur son capital et en empruntant. On verra diminuer peu à peu, mais subsister encore quelques réserves d'intégrité, d'esprit d'entreprise, d'énergie et d'espoir. Les vieilles gens continueront à travailler par la force de l'habitude, même après que les jeunes auront constaté que c'est inutile. Les gens continueront à économiser par habitude, même après avoir vu leurs économies d'antan se réduire à rien. Ils garderont pendant des années un certain orgueil professionnel, longtemps après avoir cessé de garder plus qu'une fraction de leurs émoluments. La machine continue à tourner un moment après qu'on a fermé le courant. Pendant un certain temps, le ralentissement n'est même pas perceptible. Puis le grondement de la locomotive devient une palpitation, la palpitation n'est plus qu'une lente pulsation et celle-ci devient à son tour un grognement et un sifflement qui vont s'amoindrissant. Le volant qui tournoyait devient visible, ses rayons décrivent une trajectoire plus lente, la machine tousse, hoquette et finit par s'arrêter, dans un ultime cliquetis. C'est la fin du voyage et, en l'occurrence, la fin aussi du train.

De ce récit nécessairement simplifié de ce à quoi l'on peut s'attendre, il n'émerge encore aucune règle simple et claire édictant ce que devrait être le taux idéal d'imposition. La situation n'est d'ailleurs pas rendue plus simple par le fait que certains services — l'éducation,

6
L'évasion fiscale

Quand on étudie l'imposition britannique, on est émerveillé que la Grande-Bretagne ait tout simplement survécu. Il est certainement surprenant que le pays ait conservé et même accru quelque peu sa prospérité. Il ne faut pas oublier toutefois que les effets de la surimposition n'étaient pas immédiats dans les exemples historiques cités plus haut. Les empires ou les Etats étranglés par leurs propres services de contributions ne s'effondrent pas nécessairement tout de suite. Le processus peut prendre du temps et n'être pas dès l'abord perceptible. Plus d'une entreprise industrielle ou commerciale continuera sur sa lancée une cinquantaine d'années après qu'elle aura perdu son élan initial. Les Etats en font de même, vivant sur leur réputation passée et dépensant leurs réserves de capitaux. Il faut du temps pour produire une nouvelle génération, qui dès l'enfance se serait habituée au sentiment de l'échec. Il faut plus de temps encore pour permettre à cette nouvelle génération de parvenir aux postes de commandes. Même alors le souvenir s'attardera un moment sur les entreprises passées qui n'étaient pas seulement légales mais honorables, sur les efforts d'antan qui n'avaient pas pour conclusion une pénalité fiscale mais la reconnaissance du public. Les hommes continuent à regarder vers le futur même quand le futur a été hypothéqué. Il faut du temps pour les priver de tout espoir.

Mais bien avant ce stade, les effets combinés de l'impôt sur le revenu et des droits de succession auraient dû réduire la société à un morne niveau de médiocrité financière. Presque tout le monde en Grande-Bretagne et aux Etats-Unis devrait vivre dans une petite maison de banlieue, avec un petit jardin de banlieue, sur un petit budget de banlieusard avec une petite femme banlieusarde. On peut presque dire qu'il en va ainsi de l'Australie, et il y a d'autres pays dont le mode de vie commence de plus en plus à ressembler à cette image. Mais on a des raisons de supposer qu'ailleurs la théorie diffère encore des faits. Les Rolls Royce et les Bentley continuent sans effort à dépasser les autres voitures sur la route. Les gens continuent à envoyer leurs fils à Eton, à Exter, à Groton ou à Rugby. Dans les stations les plus extravagantes, les plages sont loin d'être désertes ; et les eaux bleues de la Méditerranée continuent à refléter les voiles de quelques yachts somptueux. Les jours des privilèges financiers sont peut-être en train de passer, mais de toute évidence ce n'est pas encore chose faite.

Ce spectacle a donné naissance en Angleterre à ceux que l'on a appelés les jeunes hommes en colère, des gens dont la colère peut fort bien durer plus longtemps que leur jeunesse. Ils sembleraient représenter une classe d'individus que leur éducation scolaire et universitaire, fournie par l'Etat, n'a préparé qu'à des déceptions. D'un côté, le Parti Travailliste n'a pas besoin d'intellectuels, et encore moins de ceux dont l'éducation a en fait été payée par quelques sociétés coopératives. D'autre part, les portes des privilèges sont encore résolument fermées aux produits de Wigglesworth et de Redbrick. Assurés dans leur jeunesse que la pairie est en voie d'extinction et que l'ancien élève d'Eton n'a pas de place dans une société démocratique, ces diplômés de Redbrick découvrent que c'est pour eux qu'il n'y a pas de place. Leur déception prend une forme littéraire et ils parlent amèrement des « fraudeurs de l'impôt » dont l'éternelle prospérité est à la fois mystérieuse et mal vue.

Ceux qui parlent d'un ton sardonique des « fraudeurs de l'impôt » ne font que révéler l'ignorance dans laquelle ils sont de ce sujet. On ne peut pas frauder l'impôt. On peut les éviter ou pratiquer l'évasion fiscale, selon que la méthode utilisée est légale ou non. Les deux méthodes sont aussi vieilles que l'imposition elle-même, on l'a vu, et les conseillers fiscaux opéraient dès 1852. On pourrait écrire un livre entier sur l'évasion fiscale, mais ce n'est pas notre intention. Il est d'ailleurs peu probable qu'un volume sur ce sujet serait aussi utile que volumineux. Quand on voit des brochures intitulées « Comment écrire un roman à succès », on conclut que leurs auteurs, s'ils savaient vraiment ce qu'ils prétendent enseigner, écriraient des romans et non pas des brochures sur le métier d'écrivain. De même, un auteur vraiment doué pour l'évasion fiscale en trouverait la pratique plus profitable que toute explication publique de la théorie. On peut donc douter qu'un livre utile sur l'évasion fiscale puisse jamais apparaître aux éventaires des libraires. On est même en droit de se demander si un livre sur l'art d'enfreindre la loi ne serait pas en lui-même illégal.

On ne saurait soupçonner d'illégalité un livre (encore moins un simple chapitre) sur la façon d'éviter l'impôt, mais il faut bien comprendre les limites inhérentes au sujet. L'homme qui a découvert une brèche dans la loi, une brèche par laquelle il peut faire passer sa Cadillac en or massif, gardera certainement le secret pour lui. Un individu peut utiliser la méthode en question sans se faire remarquer et sans rencontrer d'opposition, mais le spectacle d'une meute entière convergeant vers la même brèche inviterait le gouvernement à prendre des mesures pour y remédier, mesures qui seraient adoptées avec une rapidité qu'on n'observe jamais dans aucune autre activité parlementaire. Dans un chapitre comme celui-ci donc, le lecteur ne peut s'attendre à trouver plus qu'une

discussion de principe, un étalage d'érudition historique et quelques allusions aux méthodes permettant d'éviter l'impôt et auxquelles il ne semble pas exister de palliatif légal.

Il faut bien comprendre tout d'abord que la méthode fondamentale pour éviter l'impôt est aujourd'hui, comme elle l'a toujours été, de quitter le pays. C'est ainsi qu'on trouve des hommes riches et distingués d'origine britannique à Jersey, à Tanger, au Kenya, aux Bermudes, à Tahiti ou aux Seychelles. Les lieux de refuge pour le contribuable sont les territoires où le fardeau de l'impôt est résolument moindre, où il existe des possibilités d'investir ou de gagner de l'argent, et qui ont conclu avec la Grande-Bretagne un accord évitant la double imposition. Les territoires répondant à ces conditions fondamentales sont relativement rares, et sur ce petit nombre la majorité peut-être présente des inconvénients tels que tremblements de terre, communistes, scorpions, fonctionnaires coloniaux, centipèdes, fièvres, sociologues et serpents. Même l'île apparemment la plus idyllique peut devenir une base pour l'activité missionnaire ou pour le lancement d'engins balistiques. Néanmoins, cette simple méthode d'éviter l'impôt est ouverte à tous au prix de l'exil, et peut être pratiquée par les sociétés comme par les particuliers. C'est ainsi qu'une grande partie de la flotte marchande britannique est affrétée par des armateurs grecs et qu'aux mâts de ces navires bat le brave pavillon du Nicaragua ou de Panama. Pour ceux que leurs affaires, leurs intérêts, leurs goûts ou leur santé contraignent de rester à Manchester, à Wellington ou à Montréal, le problème n'est pas simple. Il ne serait pas exagéré de dire que la situation fiscale peut être complexe, incertaine, obscure et confuse. Au milieu de toutes ces obscurités subsiste pourtant un principe fondamental, et c'est la distinction entre le capital et le revenu. Le service qui s'occupe de la perception des impôts — à l'exception de tout autre service public — reconnaît généralement cette distinction. Il la reconnaît pour cette raison que le revenu est sujet à l'impôt et le capital aux droits de succession. L'objectif de celui qui veut éviter l'impôt est donc de n'avoir pas de revenus (mais seulement du capital) tant qu'il vit, et pas de capital (mais seulement des revenus) quand il meurt. Le point de vue du percepteur est exactement l'opposé. Il ne voit rien que l'impôt durant la vie de sa victime et rien que le capital à sa mort. Réconcilier ces conceptions diamétralement opposées dans le cadre sévère mais branlant de la loi est incontestablement un travail d'expert. Le conflit tourne autour de détails techniques, la loi se révélant être vague et les hommes de loi plus vagues encore. Formidablement massée d'un côté se trouve l'artillerie des statuts, dont le bruit et la fureur sont impressionnants, mais le tir imprécis. En embuscade de l'autre côté, sont les verdicts rendus par des tribunaux, presque inaudibles mais au tir remarquablement ajusté. Il est difficile pour tout le monde et presque impossible pour la plupart des gens de passer, même avec seulement quelques égratignures, entre ce barrage d'artillerie et cette fusillade.

Un fait qui apparaît dès l'abord, c'est que le capital est plus difficile à préserver que le revenu. C'est pourquoi l'aristocratie anglaise est devenue plus exclusive peut-être que jamais. Il est aujourd'hui pratiquement impossible de fonder une famille comtale complète, avec domaines et château, pairie et parc. Ce peut déjà n'être pas facile de conserver la position héritée, mais cela signifie maintenant entretenir ce que personne d'autre ne peut plus avoir. La valeur sociale de la noblesse augmente donc, au grand déplaisir des jeunes hommes en colère, et même la grande maison est aujourd'hui moins une charge et davantage un capital. Les vieilles familles, auprès des neuves, ont une situation inattaquable. De même, la vieillesse est généralement dans une meilleure situation que la jeunesse. Les vétérans metteurs en scène et chirurgiens, auteurs et impresarii, dramaturges et comédiens sont ceux qui profitent de l'avantage d'avoir gagné de l'argent avant 1939 ; ou même, dans certains cas, avant 1909. Ils avaient constitué leur capital avant que l'imposition devînt ruineuse. Au contraire, tous leurs cadets se trouvent pénalisés pour être nés trop tard dans le siècle.

Pour les gens qui ont un capital à préserver, le problème n'est pas insoluble. Leur première précaution doit être de tout donner à leurs héritiers par acte de donation, en s'arrangeant pour vivre après cela pendant une période minimum de cinq ans. La principale objection que soulève cette méthode tient à la difficulté de savoir quand la mort risque de survenir. L'héritier impatient verrait volontiers cette transaction s'effectuer quand son père atteint l'âge de cinquante-cinq ans, alors que le père (de qui la décision dépend) pourrait estimer prématuré de prendre une décision aussi radicale avant son soixante-dixième anniversaire. Quand un tel père meurt à l'âge de soixante-quatorze ans, comme cela semble inévitable, son fils et héritier risque fort d'être emporté par une attaque, ce qui provoque une seconde perception de droits de succession avant même qu'on ait fixé le montant de la première. On raconte souvent à qui visite les châteaux anglais que le duc est cloué au lit ou que l'on peut apercevoir de la terrasse la petite voiture de la marquise. Il est parfaitement légitime de conclure, comme on ne manque jamais de le faire, que la marquise est morte voilà quelque temps, que la petite voiture ne contient qu'un mannequin et que le corps du noble duc a été mis au réfrigérateur (modèle familial) jusqu'à l'époque où la mort pourra être annoncée sans danger. Encore qu'il n'y ait guère de danger de voir le secret révélé, les inconvénients de ce mode d'échappatoire aux impôts fonciers ne sont que trop évidents. D'abord, on peut avoir besoin du réfrigérateur pour un autre usage. C'est pour cette raison que bien des gens préfèrent l'autre méthode qui consiste à céder l'ensemble de la propriété à une compagnie privée, qui, elle, ne meurt pas.

Pour les gens qui possèdent un capital, il y a aussi des moyens de renoncer en apparence aux revenus. Ces moyens sont tous basés sur le principe que ce qui pourrait à première vue apparaître comme un revenu n'est en fait qu'un accroissement de capital. Une méthode jadis fort populaire consistait à acheter et à vendre des titres de façon à éviter de percevoir un dividende. Comme la plupart des actions augmentent de valeur avant le moment où l'on doit toucher le dividende, pour baisser de nouveau après que celui-ci a été payé, celui qui veut éviter l'impôt avait de bonnes raisons de les vendre avant le versement du dividende et de les racheter ensuite. Cette pratique a été quelque peu découragée par un impôt perçu sur le transfert d'actions, à la suite duquel il est devenu nécessaire de faire un peu plus que d'acheter et de revendre éternellement les mêmes actions. Toutefois, avec quelques conseils judicieusement dispensés, les investissements de capitaux ne sont pas vraiment difficiles. Un grand nombre de titres ont augmenté de valeur depuis des années, comme par exemple les titres municipaux. Des gains importants impliquent des risques appréciables, mais il est assez facile de parvenir à une augmentation régulière et discrète de son capital.

Si les revenus imposables et ne provenant pas d'un salaire peuvent être ainsi minimisés, il est généralement peu recommandé de nier avoir aucun revenu. On doit avoir des revenus, mais strictement contrôlés par la formation ou (ce qui est encore mieux) l'acquisition d'une société à responsabilité limitée. Une société formée dans le but d'éviter l'impôt est généralement de caractère agricole et liée à une surface de terrain singulièrement improductive. Les bénéfices susceptibles d'être tirés des autres activités de la société sont engloutis par le déficit de la ferme. Ce déficit a deux principales causes. D'abord, l'exploitation agricole comprend un personnel trop nombreux et un équipement trop abondant, la cuisinière et la gouvernante figurant comme filles de laiterie, la voiture de maître et la jeep étant classées comme matériel agricole et leur consommation d'essence placée au crédit de quelques tracteurs rarement utilisés. Ensuite, la production vendable en matière de volailles, d'œufs, de lait et de fruits se révélera une source de perpétuelle déception pour les intéressés. Dans la mesure où l'ensemble des activités de la société fournira le moindre bénéfice, celui-ci sera aussitôt absorbé par les honoraires du directeur, qui bien sûr seront soumis à l'impôt, mais seulement en tant que salaire et répartis en outre entre plusieurs membres du conseil d'administration liés par d'étroits liens de parenté.

La société qui a été achetée plutôt que fondée opère suivant un principe différent. Dans la position des sociétés, le percepteur considère un résultat moyen sur un certain nombre d'années, en autorisant les bénéfices d'une année à venir équilibrer les pertes des années passées. Il s'ensuit qu'une société qui n'a connu que le désastre et qui est sans intérêt pour ses propriétaires peut être extrêmement précieuse pour quelqu'un d'autre. Les pertes qu'elle a subies peuvent être montées en épingle comme un argument de vente, comme quelque chose qui viendra compenser les bénéfices futurs, et c'est une pratique que l'on observe souvent. Il n'y a danger que quand les pertes garanties se révèlent comprendre des dettes aussi flagrantes que discrètement passées sous silence. Il serait intéressant de se demander si les entreprises commerciales ne sont pas effectivement fondées dans ce but. Les gouvernements situés sous les Tropiques ont souvent offert une récompense pour la destruction de serpents venimeux, récompense généralement proportionnelle à la longueur du reptile, pour découvrir ensuite que les serpents étaient élevés par les indigènes qui venaient ensuite réclamer la récompense. De la même façon, on a pu fabriquer des affaires déficitaires, comme des meubles anciens ou de vieilles voitures. Si donc l'on entend parler de compagnies destinées à vendre des sous-vêtements de laine en Afrique équatoriale ou à distribuer des crèmes glacées en Laponie, on peut à juste titre soupçonner qu'il s'agit d'une combinaison de ce genre.

Si nous entreprenons maintenant d'étudier la situation

de ceux qui n'ont pas de capital, il nous faut remarquer que leur sort est infiniment moins enviable. Il leur est impossible, sauf à quelques-uns d'entre eux, de s'élever dans la société par des moyens légaux et d'entrer autrement que par mariage dans les rangs des privilégiés sociaux. Amasser un capital implique précisément un excédent des revenus sur les dépenses que le système fiscal semble destiné à empêcher. Dans nombre de professions libérales, le jeune homme gagne peu d'argent, les honoraires plus élevés récompensant la persistance de l'âge mûr. On ne tient pas compte de ce long apprentissage, le revenu étant pleinement imposé dès qu'il devient appréciable. Quand l'avocat qui réussit modérément à payer l'éducation de ses enfants, se sera occupé d'assurer ses vieux jours, il aura bien de la chance en vérité s'il lui reste de l'argent. Il n'y a qu'une seule profession privilégiée à cet égard, c'est celle de fonctionnaire. Aucune autre carrière n'offre de tels avantages financiers à un âge aussi tendre, avec honneurs et pensions et rien à perdre. Après avoir suffisamment souligné toutes les difficultés, il n'en demeure pas moins que d'aucuns arrivent parfois par des moyens légaux à réaliser l'exploit de parvenir à l'indépendance financière. Pour étudier comment l'on s'y prend, il nous faut dès le départ laisser de côté les gagnants du sweepstake et des concours de pronostics de football. Il peut y avoir et il y a incontestablement une importante nouvelle classe dans la société sans classe, mais ce serait un mauvais conseil à lui donner que d'inciter le lecteur à joindre ces rangs. Dire « gagnez au sweepstake irlandais » n'est pas plus utile que de dire : « Naissez donc héritiers du seizième comte de Barsetshire et Blandings. » Ce qui est souhaitable n'est pas toujours à portée de la main. Notre étude doit se limiter plutôt à ce qui est immédiatement réalisable, et pour cela il nous faut retourner aux principes fondamentaux. Nous ne nous intéressons maintenant qu'aux revenus, et nous avons déjà vu que le revenu ne saurait échapper à l'imposition. Le problème est donc de savoir comment devenir légalement plus prospère sans percevoir de revenu, en amassant donc ainsi un surplus susceptible d'être décrit par la suite comme un capital. Un peu de réflexion montrera que l'on peut parvenir aux résultats souhaités de deux façons, et plus facilement même par la combinaison des deux.

1. Le revenu doit être perçu pour la plus grande partie en nature.

2. En face du revenu en espèces, doivent figurer des pertes équivalentes et pouvant être déduites légalement.

En théorie, et parfois en pratique, le plus brillant exemple de contribuable qui évite l'impôt est le fermier qui vit des produits de sa terre. Ce qu'il gagne est absolument impossible à découvrir et ce qu'il perd se révèle être son sujet presque unique de conversation. Mais ce qui est possible au vrai fils de la terre n'est pas aussi facile pour n'importe qui. En ce qui concerne le général de brigade ou le colonel d'aviation en retraite, selon toute probabilité ses pertes seront réelles et son revenu non pas théoriquement mais réellement négatif. La meilleure politique est de se consacrer non pas à l'agriculture mais aux affaires. L'homme d'affaires peut s'arranger pour que ses frais de voyage, ses frais de réception, l'entretien de sa voiture et de son appartement, de sa femme et de sa fille soient entièrement assurés aux dépens de la firme. Pour des raisons d'impôts, le seul véhicule utilisé est une camionnette, l'appartement est un bureau, la femme une secrétaire et la fille une dactylo, tous les voyages étant des voyages d'affaires et toutes les notes de restaurant correspondant à des repas destinés à régaler un client. Cette largesse est aussi utile pour la société que pour l'homme qu'elle emploie, car tout cela contribue à réduire les impôts sur les bénéfices.

Le revenu de l'homme soucieux d'éviter l'impôt étant ainsi réduit à un chiffre dérisoire, il va s'efforcer ensuite de ramener ce chiffre aux environs de zéro en prétextant une accumulation de charges diverses telles que primes d'assurances, pensions, hypothèques et constitutions de fonds. Avec un peu d'ingéniosité, on peut faire disparaître un revenu comme d'un coup de baguette magique, ne laissant rien derrière qu'un sourire satisfait, qui n'est guère susceptible d'être frappé d'un impôt. Et un revenu dissimulé peut progressivement former un capital. N'oublions cependant pas que l'homme soucieux d'éviter l'impôt doit procéder avec discrétion, en limitant au minimum ses dépenses réelles. Observer également que sa prospérité sera due tout autant à son sens de l'économie qu'à son habileté à esquiver l'impôt. Pour acquérir un capital, la méthode fondamentale (exception faite du jeu et du mariage d'argent) est de limiter les dépenses tout en accroissant le revenu. Dans cette politique, il est essentiel de savoir éviter l'impôt, mais ce n'est qu'un élément auxiliaire et qui ne constitue pas en soi la clé du succès.

Encore un mot d'avertissement. Les méthodes mentionnées ci-dessus pour éviter l'impôt sont théoriquement légales mais peuvent être contestées dans la pratique. Que la voiture soit indispensable à votre affaire peut être plus ou moins vrai, mais on pourrait discuter la mesure dans laquelle vous l'utilisez à titre privé. On pourrait contester aussi les frais de voyage de votre secrétaire ou le montant du loyer de votre appartement. Une fois vos prétentions mises en doute, les résultats du litige ne seraient plus qu'une question de chance. Aussi la sécurité est-elle toujours d'avoir autant d'argent disponible que si les prévisions les plus pessimistes allaient se révéler uniformément justifiées. Car rien ne peut être plus fatal que de devoir de l'argent à son percepteur. En avouant votre incapacité à payer au moment voulu, vous vous mettez pratiquement dans l'impossibilité de jamais payer. Quand vous produisez l'argent, on vous demandera inévitablement comment vous l'avez acquis. Si vous l'avez gagné — et vous pouvez difficilement prétendre que vous l'avez volé — la somme payée est elle-même sujette à l'impôt. Cette nouvelle demande de votre percepteur ne peut être satisfaite que par un autre paiement, lequel est lui-même imposable ; et ainsi de suite indéfiniment. C'est par cet enchaînement de circonstances que plus d'un homme désireux d'éviter l'impôt se trouve conduit à la ruine. C'est ainsi que l'on entend parler d'un acteur de cinéma qui n'ose pas remettre les pieds aux Etats-Unis, d'un romancier condamné à être en permanence exilé de Grande-Bretagne, ou d'autres gens qui rôdent en lunettes noires et en fausse barbe, et d'autres encore dont la barbe est vraie. De distingués personnages ne peuvent échapper à la vente à l'encan que par la faillite ou le suicide. Ils nous fournissent de frappants exemples du genre de politique que nous serions bien avisés de refuser. Pour éviter les impôts, il faut de toute évidence un sens aigu des affaires.

S'il convient de souligner que l'imposition peut être évitée par les gens astucieux et rompus à la sagesse du monde, nous ne devons pas oublier non plus qu'un grand nombre d'héritiers de ces gens-là n'ont ni l'astuce ni la sagesse de ceux dont ils sont les légataires. Il y a parmi ces gens des veuves et des orphelins, des généraux, des amateurs de chevaux et de chiens, des poètes et de vieux professeurs. Les gens de cette sorte sont souvent dépourvus du sens des affaires qui seul pourrait les sauver. Il n'y a d'ailleurs pas de quoi s'en étonner. Pour survivre dans la jungle de la fiscalité, l'érudit ou l'horticulteur devrait devenir un homme d'affaires, troquant son lexique ou son catalogue de graines pour les cours de la Bourse. Une telle transformation est plus facile à réaliser qu'on ne pourrait le supposer, mais elle entraîne une pénalité plus lourde que beaucoup n'acceptent pas de supporter. L'homme qui ne peut sauver sa roseraie qu'en consacrant ses énergies à la finance peut à juste titre objecter que la roseraie, une fois sauvée, ne lui appartiendra plus. Théoriquement, les biens d'un philologue distrait peuvent être gérés pour lui par un homme d'affaires. Pratiquement, la distraction ne tardera pas à le mener à la privation de revenu. Les hommes d'affaires, eux, ont la possibilité de se fournir les uns chez les autres, en s'accordant des remises, ce qui leur permet de profiter ainsi d'un revenu invisible exempt de tout impôt. Mais le professeur qui veut en faire autant et qui réussit ne sera plus un professeur. En sauvant ses biens, il aura perdu toute raison d'exister. Beaucoup préfèrent vivre la vie qu'ils ont choisie aussi longtemps qu'ils le peuvent, sacrifiant leur indépendance financière au lieu de renoncer, beaucoup plus tôt, à leur liberté personnelle.

Les impôts qu'on ne peut éviter, on peut parfois s'y soustraire par l'évasion fiscale.

Si ce livre n'est aucunement un guide de l'évasion fiscale ni même un commentaire sur ses méthodes actuelles, le lecteur peut être assuré que l'évasion fiscale se pratique, et sur une échelle considérable. Des gens qui se décriraient comme des citoyens respectueux de la loi, des gens qui sans hésitation prêteraient main-forte à la police au cours d'une émeute, des gens qui ont servi leur pays en temps de guerre et en temps de paix seront tout prêts à falsifier une déclaration d'impôts s'ils ont l'impression que cela peut se faire sans danger. Ils estiment que les impôts sont fixés comme des mesures pénales par les votes de ceux dont la propre contribution sera mince. Ils concluent que l'évasion fiscale n'est pas seulement profitable mais justifiée. C'est cette croyance qui les fait passer peu à peu des rangs des citoyens respectueux de la loi dans ceux des rebelles. Dès l'instant qu'un homme a pris l'habitude de l'évasion fiscale, qu'il en est venu à considérer le policier comme un danger éventuel et non comme un allié, il commencera à témoigner moins de respect pour quelque loi que ce soit. A l'époque de la prohibition, le contrebandier en alcool finissait dans la peau d'un meurtrier. Commençant par enfreindre une loi dont tout le monde comprenait qu'elle était absurde, il continuait en enfreignant toutes les autres lois. Sur une échelle plus modeste, les lois fiscales ont un peu le même effet.

Que des gens qui, sur d'autres plans, sont d'honnêtes citoyens seraient tout prêts à pratiquer l'évasion fiscale est incontestablement vrai, mais leur nombre serait réduit si leur marge bénéficiaire était moindre. Avec un impôt d'environ 10 % du revenu, le coût de l'évasion (ou simplement du fait d'éviter l'impôt) devient pour la plupart des gens, supérieur au montant de l'impôt. Même avec un impôt de 20 %, l'habileté consacrée à l'évasion fiscale pourrait être plus profitablement utilisée à accroître le revenu. Et, si on lui en donnait le choix, le citoyen moyen aimerait mieux donner son argent à l'Etat qu'à un groupe d'hommes de loi, de comptables, de conseillers et d'experts. D'abord, c'est moins compliqué, et puis il peut éprouver une vague sympathie pour beaucoup des objectifs visés par l'Etat. C'est l'élargissement de la brèche existant entre le coût de l'évasion fiscale et le coût supérieur de l'impôt qui tend finalement à transformer les honnêtes gens en criminels. Dans de nombreuses régions d'Angleterre, les gens surestiment la force de la loi. Ils ont l'impression que les forces de la civilisation sont à leur zénith et n'ont pas grand-chose à craindre de la subversion ni du crime. Ceux qui ont vécu, disons à Liverpool, ne nourrissent pas de pareilles illusions. Ils se rendent compte que la civilisation est chose précaire, et qu'elle est soumise à bien des risques, passé le coucher du soleil. Ils savent, ce que d'autres ignorent, que, dans un combat aussi égal, on ne peut se permettre de pousser dans le camp de l'ennemi des recrues si hésitantes fussent-elles.

Alors que toute la question des accommodements fiscaux et de l'évasion fiscale devrait reposer sur le rapport entre ce qu'il en coûte de ne pas payer et ce qu'il en coûte de payer, il existe un autre facteur dont on n'a guère tenu compte. La répugnance à payer du contribuable a été renforcée ces dernières années par sa conviction croissante que l'argent qu'il paye sera dans l'ensemble gaspillé. Il n'en allait pas ainsi autrefois. Les premiers dirigeants des Etats civilisés ont pu être coupables, parfois, d'extravagances, mais cela ne saurait se comparer avec le gaspillage, au sens moderne du terme. On ne pourrait dire de palais, de terrains de jeu, de costumes somptueux, de danseuses, de concubines, de mets délicats et de vins fins que tout cela était exactement du gaspillage. C'étaient des articles qui pouvaient être consommés, dont on pouvait se passer ; mais après tout, que pouvait-on en faire d'autre ? Un usage insuffisant des possibilités offertes aurait certainement été du gaspillage. Mais n'est-ce pas, dans l'ensemble, le reflet d'une telle négligence que nous montre l'histoire ? D'ailleurs, le contribuable d'autrefois n'aurait pas été particulièrement satisfait de voir la Cour pratiquer l'économie. Il pouvait participer à ces plaisirs fabuleux dans la mesure où il les entendait décrire et pour beaucoup, à l'exception des plus vilainement envieux, il y a une satisfaction dans le luxe par procuration que l'on ne saurait tirer du récit d'épargnes bien conçues. Bien sûr, les rois auraient pu économiser sur la toilette des danseuses, et ils semblent l'avoir souvent fait ; mais les dirigeants parcimonieux n'ont jamais été aimés et même ceux qui se contentaient de vivre dans le luxe donnaient l'impression de servir à quelque chose.

A l'époque moderne, on a vu relativement peu d'extravagances d'un genre aussi pittoresque ; si peu même qu'Adam Smith, pour ne citer que lui, en mentionne à peine les effets possibles. En indiquant les principes de l'imposition, il insistait sur l'égalité avec laquelle l'impôt devait frapper, sur la certitude dans la méthode, la simplicité dans les formes et l'économie dans la perception. Il a vu moins de raisons d'insister pour que les sommes recueillies ne fussent bien trop ouvertement jetées par les fenêtres. Mais c'est aujourd'hui ce qui devient le principal objet de discussion. Au lieu des dépenses provoquées par ce que d'aucuns considéraient comme de la simple extravagance, nous trouvons aujourd'hui des dépenses bien plus lourdes consacrées à ce que tout le monde peut considérer comme parfaitement futiles. Le gaspillage dans le gouvernement devient ainsi un élément important de la situation. C'est une chose de payer des impôts dans des buts dont tous doivent reconnaître la nécessité. C'est tout autre chose que de payer pour ce qui est inutile, nuisible ou absurde. Le problème de l'évasion fiscale nous conduit donc inévitablement au problème du gaspillage.

CARRIÈRES

7
Des principes de sélection

Un problème qui se pose constamment à l'administration moderne, qu'il s'agisse de l'administration publique ou privée, c'est celui de la sélection du personnel. L'inexorable fonctionnement de la loi de Parkinson permet d'affirmer que l'on doit sans cesse procéder à de nouvelles nominations et la question se pose donc toujours de savoir comment choisir le candidat qui convient parmi tous ceux qui se présentent. En étudiant les principes d'après lesquels devrait s'opérer ce choix, nous pourrions considérer tour à tour les méthodes utilisées jadis et celles auxquelles nous recourons aujourd'hui.

Les méthodes d'antan, qui ne sont pas entièrement tombées en désuétude, se rangent en deux catégories principales, la méthode britannique et la méthode chinoise. Toutes deux méritent d'être examinées soigneusement, ne serait-ce que parce qu'elles ont manifestement donné de meilleurs résultats que toute autre méthode aujourd'hui en faveur. La méthode britannique (ancien style) comportait essentiellement un interrogatoire au cours duquel le candidat avait à établir son identité. Il était introduit en présence de messieurs d'un certain âge assis autour d'une table d'acajou et qui lui demandaient son nom. Supposons que le candidat ait répondu « John

Seymour. » Un des messieurs demandait alors : « Vous êtes parent du duc de Somerset ? » Ce à quoi le candidat répondait probablement : « Non, Monsieur. » Un autre monsieur assis autour de la table disait alors : « Peut-être dans ce cas êtes-vous apparenté à l'évêque de Westminster ? » Si le candidat répondait encore : « Non, Monsieur », un troisième interrogateur en désespoir de cause demandait : « A qui alors êtes-vous apparenté ? » Si jamais, le candidat répondait : « Eh bien, mon père est poissonnier à Cheapside », l'entrevue était virtuellement terminée. Les membres du Conseil échangeaient quelques regards lourds de signification, l'un d'eux pressait un bouton de sonnette et un autre disait au laquais : « Jetez cet individu dehors. » Et l'on pouvait sans plus de discussion rayer un nom de plus sur la liste des candidats. Si le candidat suivant se trouvait être Henry Molyneux et neveu du comte de Sefton, ses chances demeuraient fort brillantes jusqu'au moment où survenait George Howard, qui se révélait être petit-fils du duc de Norfolk. Le Conseil ne rencontrait pas de sérieuse difficulté jusqu'au moment où ses membres devaient comparer les mérites respectifs du troisième fils d'un baronnet avec ceux du second fils (mais illégitime) d'un vicomte. Et même dans ce cas, ils pouvaient toujours se référer au Livre des Préséances. Ainsi se faisait leur choix, et souvent avec les meilleurs résultats.

La version Amirauté de cette méthode britannique (ancien style) ne différait qu'en ce que ses perspectives étaient plus étroites encore. Le Conseil des Amiraux n'était nullement impressionné par des parents titrés. Le candidat idéal répondait à la seconde question : « Oui, l'amiral Parker est mon oncle. Mon père est le commandant Foley, mon grand-père, le commodore Foley. Le père de ma mère était l'amiral Hardy. Le commandant Hardy est mon oncle. Mon frère aîné est lieutenant dans les fusiliers marins, mon frère cadet est à Dartmouth et mon plus jeune frère porte un costume marin. » « Ah ! déclarait le doyen des amiraux. Et qu'est-ce qui vous a

donné l'idée d'entrer dans la Marine ? » La réponse à cette question, de toute façon, n'avait guère d'importance, le secrétaire présent ayant déjà noté le candidat comme accepté. Ayant à choisir entre deux candidats tous deux également acceptables quant à leur naissance, un membre du Conseil demandait à brûle-pourpoint : « Quel était le numéro du taxi par lequel vous êtes venu ? » Le candidat qui répondait : « Je suis venu par l'autobus » était alors éjecté. Le candidat qui répondait sincèrement : « Je ne sais pas » était écarté, et le candidat qui déclarait (en mentant) « Numéro 2351 » était aussitôt accepté comme étant un garçon doué d'esprit d'initiative. Cette méthode donnait souvent d'excellents résultats.

La méthode britannique (nouveau style) fut conçue vers la fin du XIXe siècle : on la jugeait plus convenable pour un pays démocratique. Le comité de sélection demandait négligemment : « A quel collège avez-vous fait vos études ? » et s'entendait répondre Harrow, Haileybury ou Rugby, selon le cas. Invariablement venait ensuite la question suivante : « Quels sports pratiquez-vous ? » Un candidat prometteur répondait : « J'ai joué au tennis dans l'équipe d'Angleterre, au cricket pour le Yorkshire, au rugby dans l'équipe des Harlequins. » On lui demandait ensuite : « Jouez-vous au polo ? » simplement pour empêcher le candidat d'avoir trop bonne opinion de lui-même. Même sans jouer au polo d'ailleurs, il méritait qu'on se penchât sérieusement sur son cas. On ne perdait par contre guère de temps avec le garçon qui avouait avoir fait ses études à Wiggleworth. « Où ? » demandait le président, stupéfait, et « Où donc ? » quand le candidat avait répété le nom. « Oh, dans le Lancashire ! » concluait alors le président d'un ton découragé et incrédule. Pour la forme, un autre membre du conseil demandait : « Quels sports pratiquez-vous ? » Mais la réponse : « Tennis de table pour Wigan, cyclisme pour Blackpool et le billard pour Wiggleworth » suffisait à faire rayer sur les listes le nom de ce candidat. Peut-être même entendait-on quelqu'un grommeler à propos des gens qui faisaient délibérément perdre son temps au conseil. C'était là encore une méthode qui donnait de bons résultats.

La méthode chinoise (ancien style) s'est trouvée à un moment copiée par un si grand nombre d'autres nations que peu de gens se rendent compte de son origine chinoise. C'est la méthode de l'Examen écrit. En Chine, sous la dynastie des Ming, les étudiants les plus doués se présentaient à l'examen provincial qui avait lieu tous les trois ans. L'examen comprenait trois sessions de trois jours chacune. Durant la première session, le candidat rédigeait trois dissertations et composait un poème de huit couplets. Lors de la seconde session, il faisait cinq compositions sur un thème classique. Au cours de la troisième, il composait cinq dissertations sur l'art du gouvernement. Les candidats reçus (peut-être 2 %) participaient alors à l'examen final dans la capitale de l'Empire. Cet examen ne comprenait qu'une session, le candidat devant rédiger une copie sur un problème de politique courante. Sur ceux qui étaient définitivement reçus, la majorité était versée dans les services civils, le candidat ayant obtenu le plus grand nombre de points se voyant décerner le poste le plus important disponible. Ce système fonctionnait de façon fort satisfaisante.

Le système chinois fut étudié par les Européens entre 1815 et 1830 et adopté par la Compagnie britannique des Indes orientales en 1832. Un comité présidé par Macaulay étudia en 1854 l'efficacité de cette méthode. A la suite de cette enquête, le système des examens par concours fut introduit dans l'administration britannique en 1855. Une caractéristique essentielle des examens chinois était leur côté littéraire. Il s'agissait de connaître les classiques et de savoir écrire avec élégance (aussi bien en prose qu'en vers), et aussi d'avoir l'énergie nécessaire pour subir les épreuves jusqu'au bout. Tous ces traits se retrouvèrent fidèlement dans le rapport de la commission d'enquête et dans le système qu'il contribua par la suite à instaurer. On supposa que la culture et les dons littéraires suffisaient à rendre un candidat apte à remplir n'importe quelle fonction administrative. On estima (sans doute à juste titre) qu'une formation scientifique ne préparerait un candidat à rien, sauf peut-être à la science. On découvrit enfin qu'il est pratiquement impossible de déterminer un ordre de mérite parmi des gens à qui l'on a fait passer des examens dans des matières différentes. Comme il est impossible de décider si quelqu'un est plus fort en géologie qu'un autre en physique, il est dès lors commode de les éliminer tous les deux comme inutilisables. Quand tous les candidats sans exception doivent composer des vers grecs ou latins, il est relativement aisé de décider quels vers sont les meilleurs. Les individus ainsi sélectionnés sur leurs performances classiques étaient aussitôt envoyés pour gouverner l'Inde. Ceux qui avaient de moins bonnes notes restaient pour gouverner l'Angleterre. Ceux qui avaient des notes encore plus basses étaient tout bonnement éliminés ou bien envoyés dans les colonies de la Couronne. Il serait sans doute injuste de dire de ce système qu'il s'est soldé par un échec complet, mais personne ne pourrait cependant prétendre qu'il a connu le succès des systèmes qui l'avaient précédé. Pour commencer, rien ne garantissait que le candidat ayant obtenu le plus grand nombre de points n'allait pas se trouver grisé par son succès ; et c'était parfois le cas. Et puis aussi la composition de vers grecs se révélait parfois le seul talent dont pouvaient se vanter certains candidats. Il arrivait même qu'un candidat se fît remplacer à l'examen par quelqu'un d'autre, et qu'il se révélât incapable par la suite de composer des vers grecs, si l'occasion s'en présentait. La sélection par concours ne connut donc jamais qu'un succès modéré.

Malgré ses lacunes, en tout cas, elle produisait certainement de meilleurs résultats que toutes les méthodes essayées depuis lors. Les méthodes modernes s'appuient sur le test d'intelligence et sur l'interview psychologique. Le grand défaut du test d'intelligence, c'est que ceux qui totalisent le plus de points dans cette épreuve sont précisément ceux-là qui se révéleront à l'usage à peu près illettrés. Le candidat a passé si longtemps à étudier l'art d'être testé qu'il a rarement eu le temps de travailler un autre sujet. L'interview psychologique est devenue aujourd'hui ce qu'on pourrait appeler l'épreuve de la réception mondaine. Les candidats passent un charmant week-end sous la constante observation d'experts. Quand l'un d'eux en entrant se prend les pieds dans le tapis et s'écrie « Flûte ! » des examinateurs qui rôdent par là tirent précipitamment leur calepin de leur poche et notent : « Mauvaise coordination musculaire » et « Aucune maîtrise de ses nerfs. » Inutile de décrire en détail cette méthode, dont on connaît les déplorables résultats. Les personnes qui satisfont ce type d'examinateur sont le plus souvent d'un caractère prudent, voire méfiant, pédant et assez poseur, parlant peu et ne faisant rien. Il est courant, quand on a recruté du personnel par cette méthode, de voir un homme choisi parmi cinq cents postulants, être congédié quelques semaines plus tard comme ne répondant même pas aux exigences de son service. Des diverses méthodes de sélection essayées jusqu'à présent, cette dernière est incontestablement la plus mauvaise.

Quelle méthode alors devrait-on employer à l'avenir ? Un indice nous est fourni par un aspect peu connu de la technique sélective contemporaine. L'occasion se présente si rarement de nommer un traducteur chinois pour le Foreign Office ou pour le ministère des Affaires étrangères que la méthode employée n'est pas très connue. On signale par voie de presse cette vacance et les candidatures sont transmises, par exemple, à une commission de cinq membres. Trois sont des fonctionnaires et deux des érudits, chinois, fort cotés. Entassées sur la table, devant les membres de la commission, se trouvent quatre cent quatre-vingt-trois formules de candidature, avec documents joints. Tous les candidats sont Chinois et tous sans exception sont titulaires d'une licence de l'Université de

Pékin ou d'Amoy, ainsi que d'un doctorat en philosophie de l'Université Cornell ou John Hopkins. La majorité des candidats ont, à un moment ou à un autre, occupé un poste ministériel à Formose. Certains d'entre eux ont joint leur photographie à leur demande de candidature. D'autres (peut-être ont-ils été bien inspirés) s'en sont bien gardés. Le président de la commission se tourne vers le plus docte des experts chinois en disant : « Peut-être le docteur Wu peut-il nous dire lesquels de ces candidats devraient être inscrits sur la première liste restreinte. » Le Dr Wu a un sourire énigmatique et désigne la pile de fiches de candidature. « Aucun de ces candidats ne vaut rien », déclare-t-il brièvement. « Mais comment… enfin, pourquoi donc ? » interroge le président, surpris. « Parce qu'aucun érudit véritable ne songerait à poser sa candidature. Il craindrait de perdre la face s'il n'était pas choisi. » « Alors, que faisons-nous maintenant ? » demande le président. « Je crois, reprend le Dr Wu, que nous pourrions peut-être persuader le Dr Lim d'accepter ce poste. Qu'en pensez-vous, docteur Lee ? » « Oui, je crois que ce serait possible, répond Lee, mais nous ne saurions évidemment le contacter nous-mêmes. Nous pourrions demander au Dr Tan s'il pense que le Dr Lim serait intéressé. » « Je ne connais pas le Dr Tan, dit Wu, mais je connais son ami, le Dr Wong. » Le président alors ne sait absolument plus qui doit contacter qui. Mais le point important, c'est que *toutes* les candidatures sont jetées au panier, et que l'on ne retient qu'un seul nom, celui justement d'un homme qui n'avait pas brigué le poste en question.

Nous ne conseillons pas l'adoption universelle de la méthode chinoise moderne, mais elle nous permet de conclure que les défaillances des autres méthodes étaient principalement dues au trop grand nombre de candidats en présence. Il y a évidemment quelques mesures préliminaires susceptibles de réduire ce nombre. La formule « Ecartez tous les candidats ayant plus de cinquante ans ou moins de vingt, plus tous les candidats du nom de

Martin » est aujourd'hui universellement appliquée et cela permet de réduire quelque peu la liste. Mais les noms qui resteront après ce premier triage seront encore trop nombreux. Il n'est vraiment pas possible de choisir entre trois cents individus, tous qualifiés et fortement recommandés. Nous sommes donc amenés à conclure que l'erreur réside dans la façon dont a été rédigée l'annonce portant à la connaissance du public la vacance d'un poste. Cette annonce a attiré un trop grand nombre de postulants. On se rend si peu compte de cet inconvénient que les gens rédigent des annonces dans des termes qui ne manqueront pas d'attirer des milliers de candidats. On annonce, par exemple, qu'un poste important est vacant, son précédent titulaire ayant été nommé au Sénat ou à la Chambre des Lords. Le salaire est important, la retraite généreuse, le travail rien moins qu'écrasant, les avantages considérables, on est logé avec voiture officielle à sa disposition et toute facilité pour se déplacer. Les postulants doivent envoyer d'urgence leur candidature, à laquelle ils joindront des copies (et non des originaux) de trois, mais pas plus, certificats d'employeurs récents. Quel est le résultat ? Un déluge de candidatures, un grand nombre émanant de déséquilibrés et un nombre tout aussi considérable provenant de commandants en retraite sachant (comme ils le prétendent toujours) mener les hommes. Il n'y a plus rien d'autre à faire que de brûler tout ce courrier et de repartir sur de nouvelles bases. On aurait évité bien des pertes de temps et de vains efforts si l'on avait commencé par réfléchir sérieusement au problème.

Il n'est pas besoin d'être grand clerc pour se convaincre que l'annonce idéale ne devrait attirer qu'une seule réponse et venant de l'homme qu'il faut. Commençons par un cas extrême.

On demande acrobate capable de franchir fil de fer à 60 mètres au-dessus de fournaise. Deux fois chaque soir, trois le samedi. Salaire proposé 30 000 francs par semaine. Ni pension, ni dommages et intérêts en cas d'accident. Se présenter personnellement au Zimboum Circus le matin entre 9 et 10 heures.

La rédaction de cette annonce n'est peut-être pas parfaite, mais le but devrait être de proportionner la séduction du salaire en fonction des risques de la situation, de telle façon qu'un seul candidat se présente. Inutile de demander des précisions quant aux titres et à l'expérience. Personne qui ne soit pas un fildefériste rompu à ce métier ne se laisserait tenter par cette proposition. Inutile d'insister non plus sur le fait que les candidats doivent être en bonne condition physique, sobres et en aucun cas sujets aux étourdissements. Ils le savent. Il est tout aussi superflu de stipuler que les gens qui ont le vertige n'ont pas besoin de se présenter. Ils ne le feront pas. L'habileté de l'annonceur consiste à ajuster le salaire proportionnellement au danger. Une offre d'un million par semaine attirerait peut-être une douzaine de candidatures. Une offre de quinze mille francs peut-être aucune. Quelque part entre ces deux chiffres se trouve la somme exacte à spécifier, le chiffre minimum susceptible d'attirer quelqu'un qui soit réellement capable de *faire le travail.* S'il y a plus d'un postulant, c'est que l'on a offert un chiffre un peu trop élevé.

Prenons maintenant un autre cas moins extrême.

On demande archéologue possédant titres universitaires et disposé à passer quinze ans à faire des fouilles dans les sépultures incas à Chichipapahuac, sur la rivière des Alligators. Légion d'honneur ou équivalent garantie. Retraite exigible mais jamais encore exigée. Salaire de deux millions cinq cent mille francs par an. Adresser candidature en trois exemplaires au directeur de l'Institut français de Grubbenburrow, à Malfièvre dans l'Illinois, U.S.A.

Ici les avantages et les inconvénients sont nettement exposés. Inutile d'insister sur le fait que les candidats doivent être patients, robustes, intrépides et célibataires. Les termes mêmes de l'annonce ont éliminé tous ceux qui ne le sont pas. Il n'est pas nécessaire non plus de préciser que les candidats doivent être fous d'archéologie. On peut être sûr qu'ils seront fous. Ayant ainsi réduit à un maximum d'environ trois le nombre des candidats possibles, l'annonce fixe un salaire juste un peu trop bas pour attirer deux d'entre eux et les honneurs promis juste un peu trop hauts pour intéresser le troisième. On peut supposer que l'offre des palmes académiques aurait amené deux candidatures et celle de la Médaille des Epidémies aucune. Si bien que l'on se trouve avec un seul candidat. Il est complètement timbré, mais cela n'a aucune importance. C'est l'homme qu'il faut.

On pensera peut-être que les occasions sont assez rares où l'on a à recruter des fildeféristes et des directeurs de fouilles, et que le problème se pose plus souvent de trouver des candidats à des postes moins exotiques. C'est vrai, mais les mêmes principes que nous venons d'énoncer s'appliquent également dans ces cas-là. Leur application demande toutefois — c'est évident — un plus grand doigté. Supposons, par exemple, que le poste vacant soit celui de Premier ministre. La tendance moderne est de se fier à diverses méthodes d'élection, avec des résultats presque invariablement désastreux. Si, au contraire, nous nous penchions sur les contes de fées qui ont bercé notre enfance, nous comprendrions qu'à l'époque où se situent ces récits, on utilisait des méthodes beaucoup plus satisfaisantes. Quand le roi avait à choisir un époux pour sa fille aînée et unique, héritière donc du royaume, il concevait généralement une sorte de course d'obstacles dont seul le candidat idoine sortirait à son avantage ; et dont même bien souvent le candidat idoine serait le seul à se tirer. Pour organiser ces épreuves, les rois de cette époque mal définie, disposaient d'un personnel et d'un équipement parfaitement au point. Ils avaient, attachés à leur maison, des magiciens, des démons, des fées, des vampires, des loups-garous, des géants et des nains. Leur territoire était abondamment fourni en montagnes magiques, en rivières de feu, en trésors cachés et en forêts enchantées. On pourrait arguer que les gouvernements modernes sont moins bien pourvus sous ce rapport. Mais rien n'est moins sûr. Un administrateur ayant à sa disposition les services de psychologues, de psychiatres, d'aliénistes, de statisticiens et d'experts en organisation du travail ne se trouve peut-être pas plus mal loti (et peut-être mieux) que quelqu'un qui doit compter sur de vieilles sorcières et sur des marraines-fées. Une administration possédant des caméras, des installations de radio et de télévision et des appareils à rayons X ne semble pas plus à plaindre que quelqu'un qui utilise des baguettes magiques, des boules de cristal, des puits enchantés et des manteaux qui rendent invisibles. Leurs méthodes d'estimation paraissent en tout cas strictement comparables. Il suffit de transposer la technique du conte de fées sous une forme applicable au monde moderne. Il n'y a pas là, nous allons le voir, de difficulté insurmontable.

La première opération consiste à décider des qualités que doit avoir un Premier ministre. Elles n'ont pas besoin d'être les mêmes dans toutes les circonstances, mais encore faut-il qu'elles soient énumérées et que l'on se soit mis d'accord là-dessus. Supposons que les qualités que l'on estime essentielles soient : 1) l'énergie, 2) le courage, 3) le patriotisme, 4) l'expérience, 5) la popularité, et 6) l'éloquence. On notera qu'il s'agit là de qualités générales que tous les candidats éventuels s'imaginent posséder. On pourrait évidemment restreindre le champ en stipulant 4) expérience *du dressage des lions,* ou bien 6) éloquence *en bas-kalmouk.* Mais ce n'est pas ainsi que nous entendons limiter le nombre des candidats. Nous ne voulons pas faire état d'une qualité sous une forme particulière, mais bien plutôt de chaque qualité à un degré exceptionnel. Autrement dit, le candidat idéal devra être le plus énergique, le plus courageux, le plus patriote, le plus expérimenté, le plus populaire et le plus éloquent du pays. Un seul homme peut répondre à ce signalement et c'est sa candidature seule que nous souhaitons. Les termes de l'annonce doivent donc être pesés de façon à exclure tout autre individu. Voici donc à peu près comment devrait être formulée l'annonce :

On demande Premier ministre de Ruritanie. Heures de travail : 4 heures du matin à 23 heures 59. Les candidats doivent être prêts à disputer trois rounds contre le champion local poids lourds (avec gants réglementaires). Les candidats accepteront de mourir pour leur pays, sans douleur, une fois parvenus à l'âge de la retraite (65 ans). Ils auront à passer un examen portant sur la procédure parlementaire et seront éliminés s'ils n'obtiennent pas une moyenne de 19 sur 20. Ils seront également éliminés s'ils n'obtiennent pas 75 % des voix dans un sondage d'opinion concernant leur popularité. Ils seront enfin invités à donner la preuve de leur éloquence lors d'une réunion de protestants darbistes, le but de leur harangue étant d'inciter les assistants à danser le rock and roll. Ceux qui auront échoué à cette épreuve seront éliminés. Tous les candidats devront se présenter en personne au Sporting Club (entrée de service) à 11 heures 15 le 19 septembre. Les gants seront fournis sur place, mais les candidats devront apporter leurs propres chaussures, maillots et culottes.

On notera que cette annonce épargne tout souci de feuilles de candidature à remplir, de certificats, de photographies et de références à envoyer. Si l'annonce a été correctement formulée, il n'y aura qu'un seul candidat et il peut entrer en fonction immédiatement, ou presque. Mais s'il n'y a pas de candidat ? C'est la preuve que le texte de l'annonce doit être modifié. On aura évidemment demandé plus qu'il n'existe. La même annonce (qui, après tout, n'occupe pas un espace trop ruineux dans les colonnes d'un journal) devra donc être de nouveau insérée avec de légères modifications. On pourra réduire la moyenne des notes à l'examen à 17 au lieu de 19, le pourcentage des voix requis lors du sondage d'opinion à 65 %, et ne demander que deux rounds contre le champion de boxe. On peut ainsi successivement adoucir les conditions jusqu'à ce qu'un candidat se présente.

Mais supposons que deux, ou même trois, candidats

se présentent. Nous saurons alors que nous n'avons pas été assez scientifiques. Peut-être la note de l'examen a-t-elle été trop brutalement abaissée — il aurait fallu s'en tenir peut-être à 17,4 et à 66 % des voix. Bref, quelle qu'en soit la cause, le mal est fait. Deux, peut-être trois candidats sont dans la salle d'attente. Nous avons un choix à faire et nous ne pouvons pas y consacrer toute la matinée. Il y aurait bien une méthode qui consisterait à commencer les épreuves et à éliminer les candidats obtenant le moins de points. Il existe toutefois un procédé plus expéditif. Supposons que les trois candidats possèdent toutes les qualités définies comme essentielles. Il nous suffit d'ajouter une qualité supplémentaire et d'appliquer le test le plus simple qui soit. Pour ce faire, nous demandons à la jeune personne la plus proche (réceptionniste, dactylo ou téléphoniste selon le cas) : « Lequel préférez-vous ? » Elle désignera aussitôt un des candidats, ce qui réglera la question. On a dit que cette méthode était du même ordre que celle qui consiste à tirer à pile ou face ou bien à laisser le hasard décider d'une façon ou d'une autre. Il n'entre en fait dans ce procédé aucun élément de hasard. On se contente de mettre à la dernière minute l'accent sur une qualité dont on n'avait pas jusqu'alors tenu compte : le sex-appeal.

8
L'art d'être second

Si incroyable que cela puisse paraître, vous voici maintenant en vue du sommet. Vous êtes le second de la hiérarchie et vous allez peut-être bientôt (qui sait ?) être le premier. Vous avez déjà joué les seconds violons, mais pas à cette altitude raréfiée. Le temps est venu de ce dernier grand effort dont doit dépendre votre avenir. Comment être le Numéro Deux parfait ? Voilà une question qui exige l'analyse la plus attentive. Nous nous heurtons pourtant dès l'abord à un problème de nomenclature. Par quel titre officiel votre position de second doit-elle être définie ? Les indications de statut risquent de se révéler vagues et trompeuses. Mais derrière leurs imprécisions apparaissent les dures réalités de la vie. Dans presque toutes les grosses organisations, il y a un Numéro Un. Il y a aussi, et la chose est presque aussi inévitable, un Numéro Deux.

C'est comme ça, ça a toujours été comme ça et ce sera sans doute toujours comme ça. Dans les sociétés primitives, le groupe familial est dirigé par le père ou le grand-père, « le vieux » (comme on appelle encore le patron d'un bateau) auprès duquel le fils aîné joue le rôle de Numéro Deux, d'assistant et de successeur présumé. Toute autorité humaine a cette origine paternelle, et est fondée sur l'admiration, l'affection et la peur ; l'admiration qu'éprouve un enfant quand il est témoin de l'habileté de son père, l'affection pour un protecteur qui tient à assurer la survie de l'enfant et la crainte du châtiment que le père, en tant que maître, se doit d'infliger. La charge de Numéro Deux, de fils aîné (ou de plus capable), a ainsi une respectable antiquité.

Mais toute organisation a-t-elle un Numéro Deux reconnu ? Non, il y a une exception significative. Dans une situation de despotisme politique ou de dictature, il n'y a pas de véritable assistant et pas davantage de successeur désigné. Car toute la force du régime repose sur l'hypothèse que le dirigeant en place est irremplaçable. Et, après tout, un bon assistant rend le chef moins indispensable. Un successeur connu rend sa situation moins assurée. C'est donc un élément de la technique de la dictature que de laisser le second trône vacant. Au lieu d'un Numéro Deux, il y a plusieurs personnes en compétition, la position de chacun étant affaiblie par la jalousie des autres. La dictature d'ailleurs existe aussi dans le commerce et l'industrie. Il y a eu des Sociétés dirigées de la même façon et d'ordinaire avec les mêmes résultats ; à savoir que l'organisation ne dure pas plus longtemps que l'homme. Normalement les hommes préfèrent les institutions d'une plus grande stabilité, les types de gouvernement capables de survivre à plus d'une balle, les empires industriels susceptibles de survivre à plus d'une crise cardiaque. Aussi les dictatures industrielles sont-elles l'exception plutôt que la règle.

Une autre exception à la normale, c'est le cas où le Numéro Deux est en fait le Numéro Un. On chuchote que si vous voulez des résultats, l'homme qu'il faut voir, c'est M. Tapinois, et non pas M. Roger du Couvrelit, tout directeur général qu'il soit. Cette sorte de situation n'est pas rare. Il y a des hommes comme M. Tapinois, qui ont la soif du pouvoir, mais pas la charge, et ils réussissent parfois à s'allier avec quelqu'un comme Couvrelit, qui a le goût de la charge mais pas du pouvoir.

C'est ainsi qu'à une époque l'armée allemande avait coutume de choisir avec un soin méticuleux un chef d'état-major, alors qu'elle nommait après cela sans trop y penser son commandant en chef. Il y a d'ailleurs des exemples de telles associations renversées qui se sont révélées fructueuses, comme on pourrait s'y attendre dans une société exclusivement masculine. Dans une Eglise où les prêtres ont fait vœu de célibat, cet arrangement donne souvent d'excellents résultats, comme on peut le constater dans le cas d'un cardinal et de son confesseur, par exemple. Mais quand un homme est marié, un élément d'instabilité entre aussitôt en jeu ; et si les deux sont mariés, cela en fait deux. Le chef marié qui est dominé par son Numéro Deux est sans doute dominé aussi par sa femme ; et elle, dépitée de l'influence d'un rival, presse son mari de s'affirmer. La femme du Numéro Deux peut être plus docile envers son mari, mais ce qui l'agace, ce sont les airs supérieurs quasi insoutenables de l'épouse du Numéro Un. L'influence de la femme de l'évêque dans le roman de Trollope était plus considérable que celle du chapelain de l'évêque, non seulement parce que c'était une plus redoutable créature, mais parce qu'elle était plus constamment aux côtés de l'évêque. Il en va de même dans la vie réelle. Et même si les deux hommes sont célibataires, qui peut garantir qu'ils le resteront ? Là où il suffit d'une jolie rousse et d'une secrétaire au nez retroussé pour provoquer une révolution de palais, la situation manque de stabilité. La pyramide tient quand même mieux avec la pointe en haut.

Si l'on examine alors la situation normale — et bien préférable — où le Numéro Un est en fait comme en théorie aux leviers de commande, il nous faut maintenant considérer la position du Numéro Deux. Notre première tentation est de conclure que tous les Numéros Deux se ressemblent. C'est si facile de décrire le Numéro Deux idéal : ce vieux Tom, ce vieux Dick, ce vieil Harry, si consciencieux, si efficace dans son travail, toujours là quand on a besoin de lui, toujours absent avec un tel tact quand on préfère qu'il ne soit pas là, si gentil avec le personnel et si papa gâteau avec les enfants du Numéro Un. Mais des fonctions aussi annexes ne doivent pas troubler notre vision. Les Numéros Deux ne sont pas tous les mêmes. Les uns sont discrets et effacés, les autres mystérieux et secrets. Il y a le Numéro Deux qui est cordial et évasif, et son contraire qui est négatif et muet. Certains sont pleins de bonne volonté mais se heurtent, semble-t-il, à l'opposition du Conseil d'Administration. D'autres sont hostiles et hargneux jusqu'au moment où ils se trouvent dépassés par un appel à une autorité supérieure. Les Numéros Deux semblent en fait présenter une variété infinie de tempéraments et de caractères. On peut toutefois les classer en deux catégories fondamentales : A) ceux qui sont contents d'être Numéro Deux, et B) ceux qui ont envie de devenir Numéro Un. Il ne serait sans doute pas facile de tracer une ligne de démarcation bien nette entre l'une et l'autre catégorie — car certains se trouvent dans une période transitoire —, mais les catégories existent et la majorité des Numéros Deux peuvent trouver place dans l'une ou dans l'autre.

Les inévitables et éternels Numéros Deux, qui manquent et qui ont peut-être toujours manqué d'ambition, sont faciles à distinguer. Ils présentent une certaine dispersion d'intérêts, ils s'occupent de questions qui n'ont pas de rapport direct avec la firme. Ils parlent Associations de Contribuables, Conseils, politique locale, club de golf et Chambre de Commerce. Leur maison trahit la conviction qu'ils y resteront toujours : ainsi, ils cultivent des asparagus et ont fait cimenter l'allée de leur garage. Ils sont toujours aussi actifs, oh, ça oui — mais jamais plus —, et jamais (enfin, presque jamais) en retard au bureau. Mais ils ont passé l'âge de l'ambition et commencent plutôt à s'enorgueillir des progrès de leurs enfants : des brillantes études de leur fils à Oxford ou du premier-né de leur fille mariée. Le Numéro Deux prédestiné à un air rangé, confortable. C'est à cela qu'on le reconnaît plutôt qu'à ce qu'il dit. Par la force de l'habitude, il continue peut-être même à parler d'avancement, mais son comportement dément les propos qu'il tient.

C'est tout un art que d'être le Numéro Deux satisfait, qu'on soit prédestiné à ce rôle ou qu'il vous soit simplement échu. C'est essentiellement l'art de s'identifier à un héros. Au cinéma, ou devant l'écran de télévision, l'individu normal s'identifiera aisément avec le héros du moment. Il ne se représente pas le plateau des Westerns au studio ni le metteur en scène ordonnant une dixième prise de la première séquence. Il ne se demande pas pourquoi les gens tombent toujours quand ils sont touchés, et néanmoins se relèvent indemnes. Il se contente de serrer les poings ou de laisser sa main frôler la crosse d'un pistolet imaginaire, en considérant les prouesses du héros comme siennes. Le Numéro Deux idéal fait du Numéro Un son héros et assume lui-même une part du drame. C'est « nous » qui prenons la décision et « nous » repoussons les propositions absurdes faites à la dernière séance du Conseil d'Administration. « Le Numéro Un sait tout ce qui se passe, dit le Numéro Deux. On ne peut pas la lui faire. Il connaît toutes les ficelles. » Mais le ton même de son admiration ne saurait nous dissimuler le fait que le Numéro Deux s'est projeté lui-même dans ce rôle. La réussite du Numéro Un est devenue un peu la sienne. Et les Numéros Deux de la catégorie A, même s'ils diffèrent entre eux au départ, ont tendance à se ressembler à mesure que le temps passe. Ainsi, c'est le devoir d'un Chef d'Etat-Major que d'écrire dans le style de son Commandant en Chef, en choisissant ses mots de façon qu'il y ait peu de modifications à faire. Le Numéro Deux idéal parle de la voix de son chef et n'a pas d'opinions personnelles.

Venons-en maintenant à la catégorie B, le groupe sans doute le plus nombreux des Numéros Deux dont l'ambition est de devenir Numéro Un. On peut les diviser en trois groupes : I, II et III. Ceux du Groupe I ont tous été nommés *depuis* l'accession du Numéro Un à leur poste. Choisis par le Numéro Un lui-même parmi les chefs de service, ces assistants semblent relativement jeunes et optimistes et ne s'attendaient absolument pas (disent-ils) à un tel avancement, pas plus d'ailleurs qu'ils n'avaient jamais occupé de poste aussi élevé. « Fichtre ! s'écrie le jeune Numéro Deux du Groupe I, mais c'est magnifique de travailler sous les ordres d'un homme comme Alain Duhaut ! J'apprends quelque chose de nouveau tous les jours. C'est un type merveilleux... et il connaît son affaire ! Je sais que j'ai de la chance. » Bouillonnant de dévouement, surtout quand il est à portée d'oreille de Mme Duhaut, Bob Lagrimpe est de toute évidence un Jeune Homme Qui Monte. Il n'arrive pas à comprendre pourquoi le patron l'a désigné, lui, alors qu'il avait le choix entre tant de garçons remarquables, mais c'est comme ça. Et Bob fera tout son possible pour qu'Alain ne regrette jamais ce choix. Quand Alain est parti pour quelque congrès, Bob est un brillant assistant. « Non, dit-il, je ne pense pas que ce soit la décision qu'Alain aurait prise. » « Oui, avoue-t-il, c'est assez dans la ligne de notre politique. » « Quant au premier point, conclut-il, j'estime qu'il vaudrait mieux attendre le retour d'Alain. » Et quand Alain Duhaut parle de prendre sa retraite, c'est Bob qui prend la tête de la délégation venue le supplier de rester. « Vous avez peut-être besoin de vacances, monsieur, mais nous voulons tous vous revoir à votre bureau. Nous avons encore besoin de vous et nous ne pouvons pas croire que vous soyez mûr pour la retraite. » Tout le monde s'accorde à reconnaître que Bob Lagrimpe est un type remarquable et que son étoile monte.

Dans le Groupe II se trouvent les Numéros Deux désignés avant que le Numéro Un accède à la situation qu'il occupe actuellement. Chacun a été choisi par le prédécesseur du Numéro Un. Marc Ambaisse est un bon exemple de Numéro Deux du Groupe II. C'est le « cadre » parfait, efficace, plein de bonne volonté et populaire. On raconte que le Conseil d'Administration a pris un risque en désignant l'actuel Numéro Un, M. Toujeunot, et qu'on n'aurait jamais fait ça si on n'avait pu compter sur Ambaisse, l'homme idéal pour aider un chef dont l'expérience (à l'époque) était un peu insuffisante. Et nul ne peut nier que Marc (« Papa » pour les jeunes chefs de service) n'ait fait un travail magnifique. En fait, il n'est pas tellement plus vieux que le Numéro Un, mais il fait souvent plus âgé, par comparaison, et il aurait tendance à être un peu tatillon. Mais la maison ne serait arrivée à rien, absolument à rien, sans lui. Si quelqu'un connaît le métier, c'est bien lui. Il connaît tous les gens par leur prénom, et il est toujours prêt à donner un conseil ou un coup de main. C'est lui qui se souvient qu'un projet dont on discute a déjà été essayé, en 1937. S'il y a une tâche difficile à remplir, Marc est l'homme qu'il faut pour s'y attaquer. Il trouve un orgueil simple dans la confiance que lui témoigne le Conseil d'Administration. Personne n'a jamais mis en doute sa loyauté envers le Numéro Un, bien que certains estiment que des deux c'est lui le plus capable. « Laissez donc ça à Marc », dit le Numéro Un, et le travail, quel qu'il soit, sera terminé à temps. Si l'on peut dire que le rendement de la firme dépend d'un seul individu, c'est de Marc ; c'est du moins l'avis de la plupart des gens. Il est plus que précieux, il est indispensable.

Dans la même catégorie et dans le même groupe que Marc Ambaisse, mais dans une branche différente, se trouve Charles Ronchon, incontestablement un des directeurs les plus capables de la Bellectronic. Il aurait été directeur général si Victor Lepic ne s'était pas justement trouvé disponible. Un peu plus âgé que Marc Ambaisse, et portant plus que son âge, Charles n'a jamais été plus que simplement poli avec Victor. De huit ans son cadet, le directeur général affiche une aimable désinvolture, mais il ne trompe personne. Quant à Ronchon, il déborde de critiques inexprimées. Si on l'interroge sur la politique de la compagnie, il expose les grandes lignes du plan d'expansion, hausse les épaules et ajoute, après un bref silence : « Mon Dieu, le temps nous dira si c'est ce qu'on pouvait concevoir de mieux... Vous connaissez Lepic, bien sûr ? Un homme remarquable ! Je ne sais pas comment il se débrouille... je ne sais vraiment pas ! » On l'entend souvent dire : « Je ne sais pas comment il se débrouille ! » et il y a dans sa phrase assez d'ambiguïté pour provoquer un certain découragement. Sans prononcer un mot qu'on pourrait qualifier de déloyal, Ronchon jette le doute sur toutes les décisions prises par le patron. « Si nous n'avions pas une telle confiance en Lepic, nous serions presque tenté de croire qu'il a mal jugé la tendance du marché, mais j'imagine qu'il sait ce qu'il fait. Il a une sorte d'intuition, et c'est plus précieux, j'ose le dire, que la simple expérience. Nous verrons bien... » Ronchon est un maître du silence lourd de sens — il aurait pu passer un diplôme dans cette spécialité. D'après tout ce que Ronchon omet de dire, il est évident que l'échec de Lepic est total.

Enfin, il y a le Groupe III, comprenant d'anciens Numéros Un, entrés dans la maison à la suite d'une fusion... Il y a, par exemple, Justin Refilé, qui est devenu le Numéro Deux du Groupe Macrogéant quand sa propre firme (Ducollier, Lachancelle et Cie) a été absorbée en 1960. Les relations entre le directeur général et Justin sont trop polies pour être convaincantes. « Demandons son avis à Justin avant de poursuivre, dit Simon Sommet. — Oh, non, Simon, répond Justin, votre jugement est sûr : je préfère m'y conformer. — Merci, Justin, mais vous avez une expérience plus grande dans ce domaine. — Pas du tout, Simon... je suis convaincu que vous en savez plus qu'aucun de nous. — Vous êtes trop modeste, Justin », etc. La discussion continue donc, Simon regrettant de toute son âme que Justin soit là et Justin souhaitant du fond du cœur pouvoir être ailleurs. Le Numéro Un dont la position est ainsi attaquée constitue un problème fréquent dans le monde des affaires, et qui n'a qu'une solution : la mise à la retraite ou le transfert de Justin.

Si nous analysons et comparons la position actuelle de ces quatre représentants de Numéros Deux, nous constatons aussitôt que Bob Lagrimpe est le seul dont l'avancement soit certain. Suivant le cours ordinaire des choses, on s'attendrait à le voir partir au bout de peu de temps pour prendre la direction générale d'une entreprise de moindre importance dans la même branche. Cette nomination se fera sur la recommandation d'Alain Duhaut, la lettre personnelle qu'il enverra soulignant que Bob est l'assistant le plus qualifié qu'il ait jamais eu. Trois ans plus tard, Duhaut prendra sa retraite et Bob sera son successeur tout indiqué. Ce n'est pas une pareille bonne fortune qui attend Marc Ambaisse, qui est indispensable (comme Numéro Deux). Toujeunot ne le lâchera jamais. Si d'aventure Marc briguait un poste directorial ailleurs, Toujeunot, sur l'insistance de sa femme, enverra une lettre de recommandation qui mettra l'accent sur la loyauté et sur la compétence de Marc, tout en jetant subtilement le doute quant à son aptitude à être Numéro Un. « En tant que chef effectif d'une entreprise, M. Ambaisse n'a aucune expérience, mais, j'en suis convaincu, il fera toujours de son mieux. » Avec ce genre d'appui, Marc est sûr d'avoir la seconde place sur n'importe quelle liste de candidats, et il restera l'éternel second à moins que l'homme choisi ne se claque bel et bien un vaisseau et ne tombe raide mort quand on lui offre le poste. On se pose souvent la question de savoir si Marc tient tellement à avoir plus de responsabilités qu'il n'en a. Qui peut le dire ? Certainement pas Marc, chez qui la déception et le soulagement s'équilibrent harmonieusement. La vérité, c'est peut-être qu'il était plus ambitieux au début et qu'il l'est moins maintenant. Mais cela devient très vite une habitude que de repousser une candidature. Quiconque est resté sur le sable une fois, le poste allant à un homme plus jeune, a bien des chances d'y rester encore une autre fois. Le désigner par la suite pour ce poste, ce serait admettre qu'on a eu tort de rejeter sa candidature la première fois, ce qui est absurde.

Les chances d'avancement de Marc sont donc inversement proportionnelles à son utilité actuelle. Elles diminuent d'ailleurs et finiront par disparaître totalement.

Mais les chances de Marc, pour frêles qu'elles soient, paraissent immenses quand on les compare à celles de Charles Ronchon. La position de ces deux hommes est fondamentalement la même (Numéro Deux, Groupe II), chacun s'étant vu préférer un homme plus jeune. Deux solutions évidentes s'offrent à l'homme qu'on a laissé de côté. Il peut montrer par son concours loyal qu'il n'y a pas de méchanceté en lui. Ou bien il peut montrer, en faisant preuve d'une intelligence supérieure, que la décision qu'on a prise contre lui était incontestablement erronée. Les deux solutions sont aussi désespérées, mais les effets désastreux de la seconde sont plus immédiats. En effet, l'antipathie mutuelle qui existe entre Lepic et Ronchon doit aboutir à une impasse. Ronchon voudrait bien s'en aller comme Numéro Un dans une compagnie moins importante, mais Lepic ne le soutiendra jamais. Théoriquement, Lepic devrait avoir hâte de se débarrasser de lui, et c'est bien le cas. Mais cette envie est rarement assez fortement ressentie pour décider Lepic à écrire une lettre de recommandation qui emporte l'adhésion. Supporter l'avancement effectif de Ronchon, c'est payer trop cher son éloignement. La répugnance réciproque qu'éprouvent l'un pour l'autre Lepic et Ronchon constitue, en fait, la force qui les unit. Et si Lepic trouvait la situation intolérable, il en viendrait à se duper autrement. Car ses lettres de recommandation deviendraient trop élogieuses en même temps que trop nombreuses. Au-delà d'un certain point, l'enthousiasme éveille la méfiance.

— Si ce type est vraiment un aigle pareil, pourquoi Lepic tient-il tant à se débarrasser de lui ?

— Peut-être qu'auprès de lui Lepic se sent petit.

— Dans ce cas, nous ne pouvons guère attacher de poids à la recommandation de Lepic. Revoyons donc la candidature de Passavant, le Numéro Deux de chez Forcené, Lesauvage et Cie.

Ronchon n'est donc même pas placé. Et plus il se révèle parfait, plus son nom descend sur la liste. Qui a envie d'avoir un homme qui répète sans arrêt : « Je vous l'avais bien dit » ? Si les événements suivent leur cours normal, Ronchon est condamné à une vie de déceptions. Si, au lieu de cela, on l'avait nommé Numéro Un tout de suite, il aurait été aussi bien que Lepic, sinon mieux. Mais la déception lui a gâté le caractère et compromis ses perspectives. Il n'est plus dans la course.

Et Justin Refilé ? Ses perspectives à lui sont relativement bonnes. Il existe une certaine fraternité parmi les Numéros Un, le sentiment d'appartenir à un même club. Une fois qu'on y est entré, on en fait toujours partie, du moins dans une certaine mesure ; et si on en sort, on garde de bonnes chances d'y revenir. Si Justin n'est pas trop près de l'âge de la retraite, il aura l'appui de Sommet pour retrouver un poste de Numéro Un. Ça ne se fait pas d'avoir d'anciens Numéros Un au chômage. Ça abaisse le statut des autres, en leur rappelant le sort qui peut être celui de n'importe lequel d'entre eux. Une règle tacite veut que l'homme ainsi tombé à la mer soit, dans la mesure du possible, hissé de nouveau sur le radeau. Rien n'est plus ennuyeux que d'avoir toujours Justin là comme Numéro Deux.

Au terme de cette étude des Numéros Deux, Catégorie A, qui sont contents de leur sort, et des Numéros Deux, Catégorie B, qui souhaitent de l'avancement, il apparaît clairement que le rôle à éviter, c'est celui de Numéro Deux, Catégorie B, qui se voit refuser toute possibilité d'avancement. C'est assez clair ; mais que faire, si c'est justement le rôle qui vous est échu ? Cela peut arriver à n'importe lequel d'entre nous. Que le lecteur imagine donc un instant que cela lui est arrivé. Supposons que vous ayez été évincé du poste de commande et que l'homme qu'on a choisi soit de six ans votre cadet. Vous pourriez à la longue vous contenter de demeurer le Numéro Deux, mais votre femme, elle, n'est pas contente d'être l'épouse du Numéro Deux. Elle a commencé à vous gratifier du regard apitoyé que le monde réserve aux Numéros Deux prédestinés. Votre fille a entendu dire « Ce pauvre vieux » en parlant de vous. La situation est grave, pour ne pas dire critique, et c'est un cas de Maintenant ou Jamais. Qu'allez-vous faire ?

Le point de départ de vos méditations est la question suivante : *« Ont-ils eu raison de ne pas retenir ma candidature ? »* Jusqu'à maintenant, en discutant la position de Marc Ambaisse, de Charles Ronchon, de Bob Lagrimpe et de Justin Refilé, nous avons supposé que tous ces Numéros Deux étaient capables, ou avaient à un moment été capables d'être un Numéro Un. Il y a beaucoup de Numéros Deux dont on pourrait en toute justice dire la même chose. Mais il en est d'autres, tout aussi ambitieux et incontestablement compétents, qui échoueraient si on leur donnait cet avancement. Nous ne comprendrons pas non plus le caractère essentiel d'un Numéro Deux à moins de pouvoir analyser ses lacunes. Qu'est-ce qui distingue le Numéro Un naturel du Numéro Deux éternellement déçu ? Vous êtes trop modeste pour faire valoir vos droits, alors nous allons demander à votre femme si le Conseil d'Administration a eu raison de ne pas vous désigner. Imaginons qu'elle réponde dans ces termes :

« Raison ? Vous êtes fou ? Tout le monde sait que Tony est le meilleur du lot. C'est lui le cerveau de l'affaire depuis des années. Après tout, il devrait comprendre le métier, puisqu'il est entré dans la maison en 1946, juste après avoir été démobilisé. Comme il travaillait en ces premiers temps de notre mariage ! Il travaillait toute la nuit de façon à pouvoir répondre quand le patron avait besoin d'un renseignement. Oh, c'est un travailleur, Tony. Et puis tout le monde l'aime bien. Oui, tout le monde. Il n'y a jamais un murmure quand Tony demande aux employés de rester pour faire des heures supplémentaires. Ils savent que ce doit être nécessaire et ils savent bien qu'il sera le dernier à partir. J'ai beau le dire moi-même, Tony est vraiment l'homme le plus qualifié qu'ils auraient pu choisir. Et qu'est-ce qu'ils font ? Ils trouvent ce Montladessu et sa petite bourgeoise de femme. C'est une folie qu'ils ont faite là. »

Supposons que tout ce qu'elle dit soit vrai. Vous êtes tout ce qu'elle croit et davantage encore. Mais nous n'avons toujours pas de preuve que vous soyez du matériel de Numéro Un. En êtes-vous ? C'est votre propre réponse à cette question qui est importante. Vous devez croire en vous-même avant que les autres croient en vous. Votre verdict passe en premier, et il peut être sans appel. Les journaux publient parfois des questionnaires permettant aux gens d'évaluer leurs qualités, souvent sur la base d'une vingtaine de questions ou plus. Pour vous, pour l'homme qui a déjà fait tant de chemin sur la route de la réussite, il n'y a que trois questions et les voici :

PREMIÈRE QUESTION : *Quand vous avez un rhume ou de la fièvre, quel jour de la semaine cela vous prend-il ?*

Réfléchissez bien. Peut-être allez-vous répondre : « Ma foi, n'importe quel jour, j'imagine. Je n'ai pas fait attention. » Si c'est cela votre réponse, alors le Numéro Deux est le niveau qui vous convient. Car le Numéro Un prédestiné répondra sans hésiter : « Tous mes malaises débutent le vendredi après-midi, et je suis toujours rétabli le lundi matin. » Le fait est qu'un Numéro Deux destiné à être un Numéro Un ne doit jamais tomber malade, en tout cas pas avant que des années se soient écoulées depuis sa nomination. Tous les autres peuvent avoir la grippe si ça leur plaît, et ils peuvent l'avoir la même semaine, comme c'est souvent le cas, mais il est d'autant plus capital que vous, vous soyez là. On vous trouvera à votre bureau, quelle que puisse être l'épidémie. Mais le patient peut-il ainsi contrôler l'éclosion d'une maladie ? Bien sûr que oui. Vous ne faites aucun effort délibéré dans ce sens, mais chez le patron (si vous en êtes un), la maladie est inconsciemment tenue en échec. Il existe un mécanisme interne qui tient la bride serrée aux microbes du lundi au vendredi. « Tu ne peux pas être malade maintenant, souffle cette voix intérieure, il y a réunion de service cet après-midi. » « Il y a le déjeuner avec Lord Simplett. Tu ne peux pas te mettre à éternuer maintenant. » Ce mécanisme interne fonctionne parfaitement jusqu'au vendredi midi. Bien que vous ne soyez plus au mieux de votre forme, vous réglez toutes les affaires urgentes et vous vous mettez à signer le courrier vers 15 heures 30. C'est alors que votre secrétaire observe pour la première fois que vous n'avez pas l'air dans votre assiette. Tandis qu'elle se livre à des commentaires là-dessus, en employant ce ton de sollicitude maternelle qu'on lui a fait répéter à l'Ecole de Secrétariat, vous éternuez. « Oh, mon Dieu, Monsieur, je crois bien que vous avez attrapé la grippe ! » Vous vous rendez compte qu'elle a (comme toujours) raison et le mécanisme intérieur laisse soudain les choses aller en murmurant : « Bon ! Alors, le grand jeu ! Tu peux être malade tout ton soûl... Jusqu'à dimanche minuit ! » Vous partez d'un pas chancelant, à peine capable de tenir debout. Vous vous mettez au lit avec un bon grog bouillant. Cette nuit-là, votre température dépasse 39 °C 5 et vous vous demandez si vous allez vous en tirer. Nul ne peut être aussi désespérément malade que celui qui jouit d'un excellent état général. Le samedi à midi, vous demanderez qu'on fasse venir votre notaire (qu'on n'arrive pas à trouver, car il est parti pour la pêche) en disant que vous désirez modifier votre testament... pour laisser un petit legs à une fondation de recherche médicale. Le samedi soir, vous êtes à l'article de la mort. Le dimanche matin, vous vous remettez. Dans l'après-midi, vous êtes convalescent. Et le lundi matin, vous voici de retour à votre bureau, parfaitement bien. L'existence ou l'absence de ce mécanisme interne est une simple question de fait. Si vous ne le possédez pas, vous n'êtes pas du bois dont on fait les Numéros Un. Vous l'avez ? Bon. Alors passez à la question suivante.

DEUXIÈME QUESTION : *Etes-vous disposé à faire tout ce que les autres ne peuvent ou ne veulent pas faire ?*

En théorie, tous ceux qui figurent sur les feuilles de paie de la maison sont là pour faire ce qu'on leur dit de faire. Mais, en pratique, les gens font ce qui leur plaît. L'un a le goût des relations publiques, et l'autre aime classer les documents là où on ne pourra jamais les retrouver. Celui-ci adore dessiner des organismes et celui-là circule à travers les bureaux en éteignant les lampes allumées inutilement. Mais il y a un homme qui ne peut pas faire ce dont il a envie : c'est le Numéro Un. Car c'est à lui qu'est réservé, outre son travail normal, tout ce qui reste ; et bien malin qui pourrait deviner ce que cela va être. Il peut s'agir aussi bien de mettre au point les tours de vacances que de choisir la nouvelle peinture. Il peut s'agir de vérifier la consommation de gaz ou bien de vérifier le système d'alerte à l'incendie, de faire nettoyer les carreaux ou de changer un plomb. Mais quoi que ce puisse être, il ne reste personne pour le faire, sauf le Numéro Un. C'est ce que personne d'autre ne fera qui finit par lui incomber. Etes-vous prêt à cela et gardez-vous votre confiance intacte ? Vraiment ? Alors, passez à la dernière question.

TROISIÈME QUESTION : *Etes-vous prêt à licencier Jules Mironton ?*

Vous le connaissez, bien sûr. Chaque maison a ou a eu un Jules Mironton. Il est d'une parfaite honnêteté et généralement aimé de tous, et il est animé des meilleures intentions du monde. Il erre ici et là, bien inoffensif, avec dans sa poche des lettres auxquelles il n'a pas répondu, des taches de café sur sa cravate, de la cendre de cigarettes sur son pantalon et un sourire absent aux lèvres. Tout le monde sait que Jules est un brave bon à rien, qui a une femme sympathique et cinq enfants encore en âge d'aller en classe. Il pourrait y avoir des raisons de garder Jules, mais supposons qu'il n'y en ait pas. Dans une autre firme, il aurait même pu avoir son utilité, être précieux même, en étant l'homme qui a toujours tort. *(Voir chapitre 7.)* Mais les temps sont durs, la concurrence est âpre, l'argent rare et nous ne pouvons plus nous permettre de nouvelles bourdes. Il faut licencier Jules. En tant que Numéro Un, c'est à vous et à personne d'autre de convoquer Jules et de lui dire : « Vous n'êtes pas assez bien pour notre Compagnie et à dater du 1er octobre, je supprime votre poste. A l'exception du parjure, je ferai tout ce que je pourrai pour vous. » Il va pâlir et ses mains vont se mettre à trembler. Il va bredouiller quelque chose à propos de son travail passé, de sa femme et de ses enfants, ce à quoi vous répondrez : « Je suis navré, Jules, mais ma décision est définitive. » Vous êtes prêt à faire ça ? Mais l'épreuve ne se borne pas à ça. Car, après avoir regardé Jules Mironton droit dans les yeux en disant : « Jules, vous ne faites plus partie de la maison », il vous faut rentrer chez vous et dormir sans plus y penser.

Pour être un bon Numéro Deux (ce que vous êtes), il vous faut des connaissances, de l'habileté, de la compétence et du tact. Toutes ces qualités vous sont nécessaires pour être Numéro Un, mais il faut quelque chose d'autre, ce côté un peu impitoyable qui distingue l'homme qui commande. Ce peut être le devoir du général que d'ordonner la destruction d'un pont, alors qu'il sait que certaines de ses troupes sont encore sur l'autre rive. Le commandant d'un navire peut avoir à fermer la cloison du navire étanche en laissant des chauffeurs coincés de l'autre côté. Et ce n'est pas le genre de décision qu'il convient de prendre dans un grand élan d'émotion. Cela doit se faire calmement, froidement, en ne gardant que cette expression à jamais changée de la bouche et des yeux. Franchissez-vous cette épreuve dans sa forme de temps de paix qui est quand même moins sévère ? Il ne s'agit pas seulement, ne l'oubliez pas, de renvoyer Jules Mironton. Vous devez après cela dormir d'un bon sommeil. Vous ne devez pas vous demander « Ai-je bien fait ? » ni échafauder des hypothèses sur ce que vont faire les Mironton, mais passer aussitôt au problème suivant, qui peut fort bien être le licenciement de quelqu'un d'autre.

Nous supposerons maintenant que vous avez donné la bonne réponse à chacune des trois questions vitales. Toutes vos maladies se produisent entre le vendredi après-midi et le lundi matin. Vous êtes disposé et prêt à faire n'importe quel travail qui restera. Et vous êtes prêt à licencier Jules Mironton. Malgré toute votre expérience et votre compétence, malgré les trois qualités supplémentaires qui font de vous un chef né, vous avez néanmoins été éconduit. Avec un manque de sens commun à peine croyable, le Conseil a nommé comme Directeur un homme plus jeune, et vous restez Numéro Deux. Les défaillances humaines étant ce qu'elles sont, ce triste sort pourrait échoir à n'importe qui ; et voilà qu'après des années d'une carrière réussie, c'est sur vous que cela retombe. Le nouveau Numéro Un est arrivé et vous lui avez souhaité la bienvenue au nom du personnel. Vous avez ajouté vos cordiales félicitations, tout en remarquant *in petto* que ses cheveux se clairsèment et que son complet est mal coupé. Votre femme estime que la femme du Numéro Un est plus âgée qu'elle le prétend et qu'elle est presque (n'ayons pas peur des mots) fagotée. Les cérémonies sont terminées et la question qui se pose maintenant est celle-ci : qu'allez-vous faire ?

Jusqu'à une date très récente, il n'y aurait pas eu de réponse à cette question. Le seul espoir pour le Numéro Deux, force nous aurait bien été de l'admettre, résidait dans l'éventualité d'une longue et grave maladie frappant le Numéro Un, ce qui laissait le Numéro Deux solidement en place lorsque le Numéro Un finissait par mourir ou par donner sa démission. Mais cette sorte de maladie est, en fait, extrêmement peu probable. Il ne faut pas rêver, comme on dit. Les gens à qui l'on sert une rente viagère meurent tous centenaires, c'est bien connu. Inutile donc d'attendre que le Numéro Un tombe malade.

La meilleure politique consiste à manœuvrer pour l'écarter du chemin. On croyait jadis qu'on pouvait obliger les gens à prendre leur retraite grâce à l'usage combiné des questionnaires à remplir et des voyages aériens. Pour valable qu'ait été cette méthode en son temps, elle a perdu aujourd'hui de son efficacité. Cela ne surprendra d'ailleurs personne qui s'est déjà servi d'insecticide. Dans les premières années, on le sait, un insecticide donne des résultats : il ne tue peut-être pas les moustiques, mais il leur donne définitivement l'impression que leur présence est indésirable. La seconde année, ils ne se vexent plus : ils sont habitués. La troisième année, ils aiment ça. Et la quatrième année, ils ne peuvent tout bonnement plus s'en passer. Il en va de même de nos grands patrons. Ils en sont arrivés à considérer l'avion avec une tolérance qui jouxte l'affection. Il faut donc trouver d'autres moyens de décourager nos supérieurs. Et c'est ce secret qui se trouve révélé ici pour la première fois.

Cette forme dernier cri d'Elimination des Numéros Un exige l'application de la Science de la Direction. Si vous, en tant que Numéro Deux, connaissez mal la Science de la Direction, la première chose à faire serait d'engager un diplômé de... mettons Manchester. Les experts dans ce domaine sont nombreux et ne se font pas payer cher : vous ne devriez donc pas avoir de difficulté à recruter un Spécialiste de la Direction sortant d'une Ecole d'Administration. Supposons que votre choix se soit porté sur le Dr Satanas, dont la femme, Anne, est elle-même une spécialiste du Comportement. Vous persuadez le Numéro Un d'autoriser que le Bureau de la Direction soit soumis à une étude scientifique. Toute cette étude sera faite aux frais (expliquerez-vous) de l'Institut Hécate, qui fournit trois chargés de recherches. A la réunion de service, voici maintenant qu'on examine le premier rapport provisoire.

DUNCAN. — Article 3. Rapport du Dr Satanas, dont les copies ont été distribuées. Pas de commentaires ?

MACBETH. — Je propose, monsieur, que nous invitions le Dr Satanas à expliquer son projet. Le voici...

DUNCAN. — Très bien, Numéro Deux. Dr Satanas, vous avez la parole.

SATANAS. — Je voudrais, messieurs, vous présenter notre rapport provisoire de la façon la plus simple. Les faits déjà mis au jour exigent une action immédiate. Attendre le rapport définitif, ce serait laisser la situation se détériorer. Pour être bref, j'ai procédé à une étude préliminaire de cette maison, en utilisant l'extension non linéaire de Poilonet concernant la portée optimale...

MACBETH. — Avec des contrôles de validité internes, j'espère ?

SATANAS. — Bien entendu. Vous trouverez une note sur les méthodes de diagnostic à l'Appendice K. Appliquant une stratégie de variantes variables et la Méthode Stochastique ; nous appuyant en outre sur notre expérience des techniques de recherche et sur notre théorie des décisions, nous n'avons pu manquer de noter la conclusion significative à laquelle nous sommes parvenus des pages 34 à 37.

DUNCAN. — Très intéressant, mais je ne vois vraiment pas...

MACBETH. — Pardonnez-moi de vous interrompre, monsieur, mais je crois que je puis expliquer le passage qui vous paraît obscur. J'ai été surpris moi-même, et j'ai demandé au Dr Satanas pourquoi il n'employait pas la méthode plus simple du Théorème de Filkenstein. Mais il a eu tôt fait de me convaincre que, dans le cas qui nous occupe, cette programmation quadratique n'aurait servi à rien. Je crois que, pour le reste, vous trouverez le rapport aussi clair que convaincant.

Marquez un temps alors et réfléchissez, car la réunion est parvenue à ce qu'on appelle dans les arènes tauromachiques l'Heure de Vérité. Pour le Numéro Un, c'est Maintenant ou Jamais. S'il entend reprendre le contrôle de la situation, il doit à cet instant laisser tomber son exemplaire du Rapport Provisoire dans la corbeille à papier et s'adresser au Dr Satanas dans les termes suivants, ou à peu près :

DUNCAN. — Tout cela me paraît du pur bla-bla-bla. Je n'ai pas la moindre idée de ce dont vous parlez et tout me porte à croire que c'est rigoureusement sans importance. Si vous avez des observations constructives à faire sur notre firme, présentez-les en langage clair, en déclarant ce que selon vous on devrait faire. Mais ne me parlez pas comme à un calculateur électronique. Je n'aime pas ça, je n'y comprends rien et je ne veux pas en entendre parler.

Par cette brutale réaction qui va réduire le Dr Satanas à un désarroi bafouillant, le Numéro Un peut faire échec au complot. Dans un moment, tous les assistants seront prêts à admettre en chœur que le Rapport Provisoire n'est que fatras sans rime ni raison. Voilà exactement ce qu'aurait fait le fondateur de la Société, le vieux Ledru-Ledru. Mais les directeurs d'aujourd'hui sont rarement des hommes de son envergure. Il faut un certain courage pour professer une ignorance méprisante au milieu d'un groupe de collaborateurs, dont chacun fait semblant de suivre la discussion. Dans neuf cas sur dix, le Numéro Un échouera. Et une fois le moment passé, il ne reprendra jamais le contrôle de la réunion, qui va se poursuivre à peu près comme ceci :

DUNCAN. — Merci, Mac. Le Rapport aurait pu être rédigé dans des termes plus clairs, mais je crois que nous comprenons tous la position du Docteur. *(Il regarde autour de lui.)*

TOUS, *précipitamment.* — Oui, oui. Parfaitement.

MACBETH. — Ma foi, je dois être le cancre de la classe, mais j'avoue que la seconde moitié de la page 41 me laisse rêveur. Pourquoi la programmation dynamique ferait-elle entrer en ligne de compte la théorie des jeux ?

SATANAS. — Je suis heureux que vous ayez posé cette question. Je ne manipule pas le langage des symboles de façon aussi cohérente que je devrais. Cette page résume ma méthode d'équilibrage de la ligne heuristique, qui conduit à le solution optimum non essentielle de la page suivante.

MACBETH. — Mais cette solution n'est-elle pas en contradiction avec l'analyse combinationnelle et l'équation topologique de la page 17 ?... Tenez, vous dites ici que :

$$II = \frac{1}{mm} - (p + h^2)$$

Et le calcul des probabilités ?

SATANAS. — Il ne s'applique pas à une interaction multipersonnelle. Il se serait appliqué, j'en conviens bien volontiers, si j'avais eu recours à une méthodologie différente. Mais les conclusions auraient été pratiquement identiques.

MACBETH. — Oh, je ne mets pas ce point en doute. La Contrainte de Zone n'en aurait pas été affectée.

SATANAS. — Je ne vous le fais pas dire ! C'est une simple question de cybernétique et d'utilisation du principe des minima. Je crois que nous sommes donc d'accord sur le fond.

MACBETH. — En effet. Mais vos algorithmes exhaustifs me laissent avec une fonction résiduelle qui défie l'analyse.

SATANAS, *avec un bon rire.* — Tiens, tiens !

TOUS, *avec un sourire nerveux.* — Eh, eh, hé...

MACBETH. — Eh bien, monsieur, il nous faut, je le vois, appliquer ce Rapport à l'Activation des Mobiles de notre firme. Je suggère toutefois d'attendre pour prendre des mesures la venue de la Seconde Partie du Rapport Définitif, ce qui devrait demander environ trois semaines. La décision, je crois, peut attendre jusque-là, mais guère plus... n'est-il pas vrai ?

SATANAS. — Nous avons besoin d'une décision ferme avant la fin du mois.

MACBETH. — Entendu. Et nous devrons discuter assez longuement la Seconde Partie avant de préciser notre programme.

DUNCAN, *avec une certaine appréhension.* — Assez longuement ?

MACBETH. — Il faut que nous sachions bien ce que nous faisons.

DUNCAN, *accablé.* — Oui, évidemment...

MACBETH. — Et j'estime que nous devrions remercier le Dr Satanas de son précieux concours.

TOUS. — Oui, oui. Très précieux en effet.

SATANAS. — Je n'aurais jamais pu mettre au point ce Rapport Provisoire sans l'aide des trois chargés de recherches mis à ma disposition par l'Institut Hécate. Mlle Parque et ses sœurs ont fait un excellent travail. Puis-je me permettre de leur transmettre les remerciements de la Société ?

DUNCAN. — Mais certainement.

SATANAS. — Elles en seront ravies.

DUNCAN. — Et maintenant, Docteur Satanas, vous voulez sans doute reprendre votre enquête. Merci, docteur... Passons maintenant à l'Article 4. Devis des réparations du toit du transformateur. M. Chatterton ?

Le Numéro Un va se déchaîner à propos de l'Article 4, mais il a quand même perdu du terrain. La semaine suivante, il va devoir affronter une discussion avec le Dr Satanas, et toujours sans avoir la moindre idée du sujet dont on discute. Puis arrivera le rapport définitif. Il comprendra le chef-d'œuvre du Dr Satanas, le Tableau représentant le Système de Sécurité Sociale du Bureau de la Direction. Comme c'est le coup de grâce, il vaut la peine qu'on le reproduise *in extenso.* Le voici donc :

A la vue de ce tableau, le Numéro Un pousse un gémissement sourd. « Oh, non ! murmure-t-il, pas ça ! » Mais c'est pourtant *ça* qu'on lui présente. Tout ce qu'il peut faire, c'est se mettre au lit avec la migraine, en laissant le Numéro Deux réaliser la réorganisation prévue.

SYSTÈME DE SÉCURITÉ SOCIALE
DU BUREAU DE LA DIRECTION

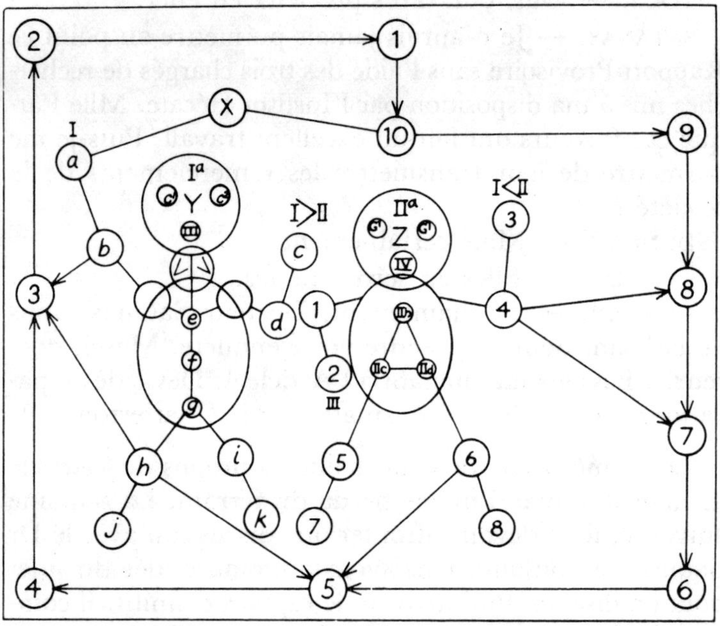

Chaque fois que le Numéro Un donne des signes de rétablissement, il suffit de brandir le tableau, de rappeler les propos du Dr Satanas pour provoquer une rechute. L'heure approche où le Numéro Un va devoir prendre sa retraite, et il ne subsiste de doutes dans l'esprit de personne sur l'identité de son successeur. Pas plus qu'on n'en a sur le sort que vous réserverez au Dr Satanas sitôt les derniers adieux échangés. « Dehors ! » direz-vous brièvement, prouvant une fois de plus que le tueur à gages devient indésirable, une fois le crime commis. Hésitez-vous à employer cette méthode pour déboulonner le Numéro Un ? Répugnez-vous à traiter quelqu'un avec une cruauté aussi calculée ? Dans ce cas, voilà un sentiment qui vous honore. Vous avez un code moral plus élevé et des principes plus nobles que bien des ministres de la religion. Vous avez tous les traits de parfait désintéressement qui peuvent faire de vous le second idéal de n'importe quelle affaire ; et sans doute y resterez-vous longtemps Numéro Deux. Car les Numéros Un de ce monde sont en fin de compte impitoyables. Ils recourront à n'importe quel moyen pour parvenir à leurs fins, et si la Science de la Direction leur paraît utilement léthale, c'est l'arme qu'ils utiliseront. Renoncez à cette dague redoutable et vous vous prendrez bientôt à penser (avec raison, selon votre point de vue) qu'être Numéro Un ne vaut guère la peine ni l'effort qu'il faut déployer. Un jour, au coin de votre cheminée, entre votre pipe allumée et votre tasse de café, vous direz à votre femme : « L'ambition, c'est bien joli... mais, au fond, j'en suis venu à bien aimer être le Numéro Deux. Tu sais, je commence parfois à me demander si je serai jamais autre chose. » Et votre femme, chez qui ce soupçon s'est depuis six ans mué en certitude, acquiescera avec un sourire tranquille.

9
Le point de pension
ou L'âge de la retraite

Des nombreux problèmes évoqués et résolus dans cet ouvrage, il est normal que l'on ait conservé pour la fin celui de la retraite. Cette question a fourni du travail à maintes commissions d'enquête, mais les témoignages recueillis ont toujours été désespérément contradictoires et les recommandations finales confuses, peu concluantes et vagues. L'âge prévu pour la retraite obligatoire est fixé à des chiffres variant de 55 à 75 ans, tous aussi arbitraires et aussi peu scientifiques. Quel que soit l'âge fixé par le hasard ou par la coutume, on peut utiliser, pour en discuter, les mêmes arguments que l'on a avancés en sa faveur. Quand on a fixé à 65 ans l'âge de la retraite, les défenseurs du système ont toujours trouvé, par expérience, que l'énergie et les facultés mentales présentent des signes de fléchissement dès 62 ans. Ce serait là une conclusion fort intéressante si l'on n'avait pas observé un phénomène tout à fait différent dans les organisations où l'on a fixé à 60 ans l'âge de la retraite. On nous affirme alors que les gens commencent à perdre les pédales à l'âge de 57 ans, ainsi que l'ont montré les statistiques. Par contre, on sait que les hommes dont l'âge de retraite est fixé à 55 ans sont sur leur déclin depuis l'âge de 52 ans. Il semblerait donc que le rendement diminue à l'âge de R moins 3, quel que soit l'âge fixé pour R. C'est là un fait intéressant certes mais qui n'est pas d'un grand secours quand il s'agit de décider le chiffre que l'on doit établir pour l'âge R.

Mais si cet âge de R moins 3 ne nous est pas d'une utilité immédiate, il peut nous indiquer pourtant que les recherches menées jusqu'à présent ont été effectuées dans la mauvaise direction. L'observation souvent faite que les hommes diffèrent, les uns étant vieux à 50 ans, les autres étant encore pleins d'énergie à 80 ou 90 ans, est peut-être exacte, mais là encore c'est un fait qui ne nous mène nulle part. La vérité est que l'âge de la retraite ne devrait d'aucune façon être lié à l'homme dont on envisage la mise à la retraite.

C'est son successeur qu'il convient d'observer : l'individu Y destiné à remplacer l'individu X quand ce dernier se retirera. Y passera, comme on le sait, par les stades suivants dans sa brillante carrière :

1. Age de Qualification	= Q	
2. Age de Discernement	= D	(Q + 3)
3. Age de Promotion	= P	(D + 7)
4. Age de Responsabilité	= R	(P + 5)
5. Age d'Autorité	= A	(R + 3)
6. Age de Réussite	= RE	(A + 7)
7. Age de Distinctions	= DD	(RE + 9)
8. Age de Dignité	= DDD	(DD + 6)
9. Age de Sagesse	= S	(DDD + 3)
10. Age d'Obstruction	= OO	(S + 7)

Le tableau ci-dessus dépend de la valeur numérique de Q. Q, il faut bien le comprendre, est un terme technique. Il ne signifie absolument pas qu'un homme parvenu au stade Q connaisse quoi que ce soit aux affaires qu'il va avoir à traiter. Les architectes, par exemple, passent une sorte d'examen, mais il est rare de les voir posséder des connaissances utiles à ce stade (à aucun stade d'ailleurs) de leur carrière. Le terme Q représente seulement l'âge où commence une carrière libérale ou commerciale, d'ordinaire après une longue période de formation qui ne s'est révélée profitable qu'à ceux qu'on a payés pour l'organiser. On verra que si Q = 22, X n'atteindra pas OO (l'âge d'Obstruction) avant 72 ans. Du seul point de vue de son rendement, on n'a aucune raison valable de le remplacer avant 71 ans. Toutefois le problème qui se pose à nous ne se centre pas sur lui mais sur Y, son successeur désigné. Comment comparer l'âge de X et celui d'Y ? Ou, pour être plus précis, quel âge avait X quand Y est entré dans la firme ou l'organisation ?

Ce problème a été l'objet de longues recherches. Nos enquêtes ont tendu à prouver que la différence d'âge entre X et Y est exactement de quinze ans. (On constate que ce n'est pas l'usage pour le fils de succéder directement au père.) Si nous prenons ce chiffre moyen de 15 ans et si nous posons Q = 22, on s'aperçoit qu'Y aura atteint RE (l'âge de la Réussite) à 47 ans, quand X n'a que 62 ans. Et c'est de toute évidence à ce moment que la crise éclate. Car Y, s'il se trouve contrecarré dans ses ambitions par le fait que X conserve le contrôle, passe — la chose a été prouvée — par une nouvelle série de phases dans sa carrière. Voici quelles sont ces phases :

6. L'âge de la Déception	(D) =	RE	+ 7
7. L'âge de la Jalousie	(J) =	D	+ 9
8. L'âge de la Résignation	(R) =	J	+ 4
9. L'âge de l'Oubli	(O) =	R	+ 5

Quand donc X a 72 ans, Y en a 57 et il entre à peine dans l'âge de la Résignation. Si X se retire à cet âge, Y est absolument incapable de le remplacer, s'étant maintenant résigné (après une décennie de déception et de jalousie) à une carrière médiocre. Pour Y, l'occasion se sera présentée juste dix ans trop tard.

L'âge de la Déception ne sera pas toujours le même, puisqu'il est fonction du facteur Q, mais ses symptômes sont faciles à déceler. L'homme à qui l'on refuse la possibilité de prendre des décisions importantes commence à considérer comme importantes les décisions qu'on lui laisse prendre. Il devient tatillon à propos du classement, exige que les crayons soient toujours bien taillés, tient à s'assurer que les fenêtres sont ouvertes (ou fermées selon la saison), et tend à utiliser deux ou trois encres de couleurs différentes. L'âge de la Jalousie se révèle par l'accent que met Y sur la hiérarchie. « Après tout, je suis quand même quelqu'un. » « Je n'ai jamais été consulté. » « Z a très peu d'expérience. » Mais cette période cède la place à l'Age de la Résignation. « Je ne suis pas un de ces ambitieux. » « Que Z prenne donc place au Conseil d'Administration... ça ne vaut pas la peine de faire tant d'histoires. » « L'avancement m'aurait empêché de jouer tranquillement au golf. » On a prétendu que l'âge de la Déception est également marqué par un intérêt croissant pour la politique locale. On sait pourtant que les hommes ne se lancent dans la politique que parce qu'ils sont malheureux en ménage. On comprendra toutefois, d'après les symptômes que nous venons de décrire, que l'homme qui se trouve encore à 47 ans (ou l'équivalent) dans une situation subalterne ne sera jamais bon à rien d'autre.

Le problème est donc désormais clair : il s'agit de faire prendre sa retraite à X à l'âge de 60 ans, alors qu'il est encore capable de faire mieux qu'un autre son travail. Le changement aura donc peut-être des conséquences néfastes dans l'immédiat, mais on court sans cela le risque de ne plus avoir sous la main de successeur possible quand X finira par se retirer. Et plus X s'est révélé un homme remarquable, et plus longtemps il est resté en place, plus s'avère difficile la tâche de lui trouver un remplaçant. Ceux qui viennent tout de suite après lui dans la hiérarchie sont déjà trop âgés et ont été trop longtemps des subordonnés. Tout ce qu'ils peuvent faire, c'est barrer la route à quelqu'un de plus jeune qu'eux ; ce qu'ils ne manqueront certainement pas de faire. Aucun successeur compétent ne se présentera pendant des années, il ne s'en présentera même pas du tout jusqu'au jour où une crise mettra au premier plan un nouveau chef. Il faut donc se résoudre à cette pénible décision. Si X ne part pas au bon moment, toute l'organisation en pâtira. Mais comment déboulonner X ?

En cette occurrence, comme dans bien d'autres cas, la science moderne n'est pas désarmée. C'en est fini des méthodes grossières de jadis. On voyait couramment autrefois les membres du conseil d'administration s'exprimer de façon inintelligible lors des séances, l'un se contentant d'ouvrir et de fermer la bouche, un autre acquiesçant comme s'il avait compris, tout cela afin de convaincre le président qu'il était devenu complètement sourd. Mais il existe une technique moderne bien plus efficace et plus sûre. La méthode se fonde essentiellement sur les voyages aériens et sur le fait de remplir des formulaires. Les recherches ont établi que l'épuisement dans la vie moderne résultait d'une combinaison de ces deux formes d'activité. Le haut fonctionnaire qui subit de fortes doses de l'un et de l'autre ne tarde pas à parler sérieusement de retraite. C'était la coutume dans certaines tribus africaines, que de liquider le roi ou le chef à un certain point de leur carrière, soit au bout d'un certain nombre d'années, soit au moment où leur énergie vitale semblait disparue. La technique actuelle consiste à proposer au grand homme un programme comprenant une conférence à Helsinki en juin, un congrès à Adélaïde en juillet, et une convention à Ottawa en août, chacune de ces réunions durant environ trois semaines. On lui assure que le prestige du ministère ou de la firme dépend de sa présence et qu'en déléguant ses pouvoirs à quelqu'un d'autre il ferait une insulte à tous les autres participants. Ce programme de déplacements lui permettra de retourner à son bureau pour trois ou quatre jours entre deux conférences. A chaque fois il trouvera son panier de courrier à l'arrivée plein de formulaires à remplir, les uns se rapportant à ses voyages, les autres concernant des demandes de permis ou de licences d'importation, le reste portant seulement la mention « Impôts sur le Revenu ». Sitôt qu'il aura rempli ces formulaires attendant sa signature après la convention d'Ottowa, on lui annoncera le programme d'un nouveau cycle de conférences : une à Manille en septembre, la seconde à Mexico en octobre, et la troisième à Québec en novembre. En décembre, il reconnaîtra qu'il commence à sentir le poids des ans. En janvier, il annoncera son intention de prendre sa retraite.

L'essence même de cette technique consiste à s'arranger pour que les conférences aient lieu aux endroits les plus éloignés les uns des autres, et sous des climats offrant les contrastes les plus violents de chaleur ou de froid. Il ne doit, bien entendu, pas y avoir place au milieu de tous ces déplacements pour une croisière reposante. Tous les voyages doivent se faire par avion. Inutile de choisir particulièrement tel ou tel itinéraire. Ils se valent tous en ce qu'ils sont conçus pour la convenance du courrier plutôt que pour celle des passagers. On peut admettre, presque à coup sûr, que la plupart des départs se situeront vers 2 heures 50 du matin, avec présence exigée à l'aéroport à 1 heure 30, et pesée des bagages à 0 heure 45. L'arrivée sera prévue pour 3 heures 10 du matin le lendemain. Mais, l'appareil ayant invariablement pris quelque retard, ne se posera qu'à 3 heures 57, si bien que les passagers ne sortiront des douanes que vers 4 heures 35. Quand on circule autour du monde dans une direction, il est possible et même courant de prendre trois fois son petit déjeuner. Dans le sens opposé, les passagers ne recevront aucune nourriture pendant des heures d'affilée, et on finira par leur proposer un verre de xérès quand ils seront sur le point de s'évanouir d'inanition. La plupart des heures de vol seront consacrées à remplir diverses déclarations concernant les devises et l'état de santé du passager. Combien emportez-vous d'argent en dollars, en livres sterling, en francs, en marks, en florins, en yens, en lires et en livres australiennes ; combien en lettres de crédit, en chèques de voyage, en timbres-poste et en coupons-réponses internationaux ? Où avez-vous dormi la nuit précédente et l'avant-veille de votre départ ? (Cette dernière question ne pose généralement pas de difficulté car le passager peut d'ordinaire répondre en toute

CUSTOMS
IMMIGRATION
HAVE YOUR
LANDING CARD,
CURRENCY DECLARATIO
CERT. OF VACCINATION
READY, PLEASE!
MEDICAL
INSPECTION
(PEST CONTROL)

bonne foi qu'il n'a pas dormi depuis une semaine.) Quand êtes-vous né et quel était le nom de jeune fille de votre grand-mère ? Combien d'enfants avez-vous et pourquoi ? Quelle sera la durée de votre séjour et pourquoi ? Quel est l'objet de votre voyage, si tant est qu'il y en ait un ? (Comme si, à ce moment-là, on était même capable de s'en souvenir !) Avez-vous eu la varicelle et pourquoi ? Avez-vous un visa pour la Patagonie et un permis de transit par Hong-Kong ? Toute fausse déclaration est passible d'emprisonnement à vie. Veuillez boucler vos ceintures, s'il vous plaît. Nous allons atterrir à Rangoon. Il est 2 heures 47 du matin, heure locale. La température extérieure est de 43 degrés centigrades. Nous ne ferons escale qu'une heure environ. Le petit déjeuner sera servi à bord cinq heures après le décollage. Merci. (De quoi, grands dieux ?) Veuillez ne pas fumer, s'il vous plaît.

On remarquera que le voyage aérien, considéré en tant qu'accélérateur de la date de retraite, a l'avantage de comprendre la rédaction d'un grand nombre de formulaires. Mais l'établissement de ces déclarations est une épreuve séparée, qui n'est pas nécessairement liée au voyage aérien. L'art de concevoir des formulaires à remplir s'appuie sur trois éléments : l'obscurité, le manque de place pour les réponses et les plus lourdes pénalités en cas de déclaration mensongère. Dans un service producteur de formulaires, l'obscurité de ceux-ci est assurée par divers bureaux chargés de veiller respectivement à l'ambiguïté des questions, à leur caractère arbitraire et à leur formulation difficilement intelligible. Mais certains de ces procédés les plus simples nous sont maintenant devenus familiers. C'est ainsi qu'un subterfuge familier est celui qui consiste à faire figurer, généralement dans le coin supérieur droit, la mention suivante :

Revenu correspondant au mois de...

Comme on vous a adressé cette déclaration le 16 février, vous ignorez absolument si elle concerne le mois dernier, le mois en cours ou le suivant. Seul le service qui vous l'a envoyée le sait, mais c'est lui qui vous le demande. A ce point, l'expert en ambiguïté intervient, en étroite collaboration avec un spécialiste en espace exigu, et voici ce que cela donne :

Rayer la mention inutile	Nom	Adresse	Domicile	Date et raisons de la naturalisation	Situation
M. Mme Mlle					

Ce genre de formulaire est, bien sûr, spécialement conçu pour un colonel, un lord, un professeur ou un docteur répondant aux noms d'Alexandre du Tiroir de la Commode de ma Grand-Mère, à Saint-Germain-les-Petits-Pains, par le Glandois-sur-Chéridon dans la Charente-Maritime. Vient ensuite la colonne « domicile », ce terme n'étant intelligible en l'occurrence que pour un avocat international, suivie d'une mystérieuse allusion à une naturalisation. Nous trouvons enfin la colonne « Situation », que le destinataire du formulaire se demande s'il doit remplir en inscrivant « Amiral en retraite », « Marié », « Citoyen américain » ou « Directeur adjoint ».

L'expert en ambiguïté cède alors la place au spécialiste des questions saugrenues qui fait appel aux bons soins d'un technicien en espace exigu pour disposer les demandes suivantes :

Numéro de carte d'identité ou de passeport	Nom de famille de votre grand-père	Nom de jeune fille de votre grand-mère	Avez-vous été vacciné, quand et pourquoi ?	Détails complé-mentaires
Note : L'auteur d'une fausse déclaration est passible d'une amende de 500 000 francs ou d'une année d'emprisonnement, et dans certains cas des deux peines simultanément.				

L'œuvre d'art à demi terminée est alors envoyée à l'expert en jargon qui produit à son tour quelque chose dans ce genre :

Quelles circonstances particulières (253) sont invoquées pour justifier le réajustement d'allocation demandé en fonction de la (143) période visée par la précédente demande, que la cote précédente ait été révisée ou non, et dans quel sens et pour quelle raison, même si une réclamation antérieure avait été présentée par toute autre partie que l'intéressé ou les ayants droit et refusée par l'autorité compétente en vertu de la sous-section VII (35) ou pour toute autre raison ; préciser si ladite décision a fait le sujet d'un appel, pour quels motifs et avec quels résultats.	

Le formulaire passe enfin aux mains du technicien, qui dispose l'emplacement réservé pour la signature, qui couronne en quelque sorte l'édifice.

Je/nous .... (en capitales) .... déclare/déclarons sous la foi du serment que tous les renseignements que j'ai/que nous avons fournis sont exacts pour autant que je sache/que nous sachions, en foi de quoi je signe/nous signons, le .... 19 ....

(Signature)

Témoin :

Nom	Photographie d'identité	Cachet ....
Adresse		
Profession		Empreinte du pouce

Tout cela est fort clair, à part la flèche du Parthe qui laisse une incertitude affreuse planer sur l'identité de la personne dont on demande la photographie ou les empreintes : s'agit-il du témoin ou du ou des signataire(s) ? Cela n'a d'ailleurs sans doute aucune importance.

L'expérience a montré qu'un homme d'un certain âge occupant une position de responsabilité sera bientôt obligé de prendre sa retraite pour peu qu'on lui donne en doses suffisantes des voyages aériens à faire et des formulaires à remplir. Les cas sont au demeurant fréquents d'hommes d'âge qui décident de se retirer avant même que le traitement ait commencé. A la première mention d'une conférence à Stockholm ou à Vancouver, ils se rendent souvent compte que leur heure a sonné. Il est très rare aujourd'hui que l'on doive recourir à des méthodes aussi sévères. Le dernier cas enregistré se situe peu après la fin de la Seconde Guerre mondiale. Le haut fonctionnaire en question était particulièrement résistant et la seule solution que l'on trouva, ce fut de l'envoyer en tournée d'inspection dans les mines d'étain et les plantations de caoutchouc de Malaisie. Cette méthode est particulièrement recommandée en janvier, et avec un avion à réaction, afin de rendre le changement de climat plus brutal. En atterrissant à 17 heures 52 (heure locale de

Malaisie), ledit fonctionnaire fut aussitôt dirigé vers un cocktail, puis de celui-ci à un autre (donné dans une résidence particulière à vingt-cinq kilomètres de l'hôtel où avait lieu la première réception), et de là à un dîner (à dix-huit kilomètres dans la direction opposée). Il était au lit vers 2 heures 30 du matin et à 7 heures prenait place à bord d'un autre avion. Atterrissage à Ipoh juste à temps pour un petit déjeuner tardif, puis visite à deux plantations de caoutchouc, une mine d'étain, une exploitation d'huile de palme et une usine de conserves d'ananas. Après le déjeuner, au Rotary Club, on l'emmena visiter une école, une clinique et un centre commercial. Suivirent alors deux cocktails et un banquet chinois de vingt services, où l'on porta de nombreux toasts au cognac servi dans des timbales. Les discussions politiques proprement dites commencèrent le lendemain matin et se poursuivirent trois jours durant, les réunions étant entrecoupées de réceptions officielles et de soirées de style indien ou sumatréen. Dès le cinquième jour, on pouvait constater que le traitement était un peu brutal : dans l'après-midi, le distingué visiteur ne pouvait marcher qu'avec l'aide d'un secrétaire d'un côté et d'un assistant de l'autre. Il mourut le sixième jour, confirmant ainsi l'impression générale qu'il devait être fatigué, voire épuisé. Des méthodes aussi radicales sont aujourd'hui tombées en défaveur et se sont d'ailleurs révélées inutiles. Les gens apprennent à prendre leur retraite à temps.

Mais un grave problème continue de se poser. Qu'allons-nous faire, nous, quand approchera l'âge de la retraite que nous avons fixé pour les autres ? Il apparaîtra avec la plus évidente clarté que notre cas est radicalement différent de tous les cas envisagés jusqu'alors. Nous ne prétendons pas être en quoi que ce soit remarquables, mais il se trouve simplement que nous n'avons pas de successeur possible en vue. C'est avec une sincère consternation que nous accepterons de retarder de quelques années le moment où nous pourrons prendre notre retraite, et ce uniquement dans l'intérêt de tous. Et quand un de nos collègues plus jeune viendra nous parler des détails d'une conférence qui doit se tenir à Téhéran ou à Hobart, nous l'éconduirons sans tarder en proclamant que toutes ces conférences sont une perte de temps. « D'ailleurs, déclarerons-nous sans vergogne, mes dispositions sont déjà prises. Je vais pêcher le saumon pendant les deux mois qui viennent et je ne rentrerai que vers la fin octobre, date à laquelle je me plais à croire que tous les formulaires de déclarations auront été remplis. Messieurs, je vous salue bien. » Nous avons su comment faire prendre leur retraite à nos prédécesseurs. Quand viendra le moment de nous obliger à en faire autant, nos successeurs devront trouver eux-mêmes une nouvelle méthode.

TACTIQUE

10
L'abominable M. Non-non
ou Abandonnez ici tout espoir

De nombreux concepts de base en matière d'administration publique et privée furent initialement définis par le Dr P.G. Wodehouse, mais ils font maintenant partie intégrante de la pensée contemporaine et l'on oublie souvent leur origine. Personne ne se souvient aujourd'hui de l'époque où M. Béni Oui-oui et M. Opine du Chef n'étaient pas clairement différenciés dans les manuels, mais on accorde rarement le crédit de cette classification au penseur qui fut le premier à saisir cette nuance. Ceux qui pourtant se souviennent du premier et brillant article de Wodehouse (lu devant la Royal Society en 1929) regrettent qu'il ne se soit pas intéressé aux sous-catégories opposées : M. Non-non et M. Secoue la Tête. L'une des raisons pour lesquelles ses recherches en restèrent à ce stade est que M. Béni Oui-oui opère dans le cadre d'une structure organisée, alors que M. Non-non se manifeste le plus souvent à l'extérieur de celle-ci. Il peut paraître prétentieux d'établir des distinctions là où un savant aussi important que Wodehouse n'en voyait aucune, mais il ne fait aucun doute qu'un certain effort de définition et de classification serait pour le moins pratique. Même si nous reconnaissons, et il le faut, que les résultats ne peuvent en être définitifs. Des études récentes ont montré que les organismes administratifs, qu'ils soient gouvernementaux ou industriels, s'appuient sur deux colonnes verticales. D'une part, une colonne à travers laquelle les décisions prises au plus haut niveau sont filtrées progressivement jusqu'à la base de la pyramide. Et d'autre part, une colonne qui permet aux requêtes, aux suggestions et aux recours de se frayer un chemin de la base vers le sommet. Ces deux colonnes correspondent rarement à celles qui existent sur le papier, mais il ressort de diverses études que, d'un côté, la chaîne des décisions, part du Grand Chef, descend à M. Je Sais Tout, et ainsi de suite jusqu'à M. Béni Oui-oui et, pour finir, à M. Opine du Chef. Selon la théorie avancée, toute nouvelle proposition est examinée, dans la colonne non décisionnelle, par M. Secoue la Tête, puis par M. Non-non, pour aboutir à M. Je ne Sais rien et finalement au chef. Il y a cependant deux objections à cette théorie. En premier lieu, elle ne concorde pas avec notre expérience. En deuxième lieu, elle n'explique pas comment la moindre idée parvient finalement jusqu'au chef. La vérité est que le personnel d'exécution d'un organisme ne se montre pas toujours entièrement négatif. Ce que nous constatons en fait, c'est que deux types d'intervenants alternent à des niveaux différents. Ainsi, l'admirable M. Je Veux alterne avec l'abominable M. Non-non, et un M. Opine du Chef avec un M. Secoue la Tête. L'homme extérieur à cette hiérarchie qui a une idée à vendre se trouve ballotté entre l'espoir et le désespoir. C'est un effet qui mérite d'être décrit d'une manière plus anecdotique. Imaginez, pour commencer, la direction d'un ministère. Sous le bras gauche du visiteur, le schéma, le plan, le projet ou l'idée de génie. Un peu tremblant, il est introduit dans le bureau de M. Jolly Goodfellow, qui porte un confortable costume de tweed et arbore une cravate club :

— Entrez, monsieur Sansespoir. Prenez donc ce fauteuil. Vous fumez ? Excusez-moi un instant, je fais chercher votre dossier. Valérie, voulez-vous m'apporter le dossier sur le projet Sansespoir ? Je l'avais hier… ? Ah, le voilà ! Merci Monica. Vous êtes superbe aujourd'hui — Une invitation à déjeuner ? Bon, vous ne serez donc pas de retour avant, disons 3 heures. Bien, voilà le dossier, parfaitement à jour ! J'ai étudié votre plan très attentivement et je n'y vois aucune objection. En fait, je le trouve des plus ingénieux. Nous devons tous vous féliciter de la solution que vous proposez pour contourner la principale difficulté technique. Une solution nette, exposée lucidement ! Votre projet a mon soutien total.

— Dans ce cas, pouvons-nous aller de l'avant ? demande M. Sansespoir, qui en croit à peine ses oreilles.

— Oui, oui, absolument !

— Vous voulez dire, dès maintenant ?

— Oui, immédiatement. Enfin, *presque* immédiatement. Dès que nous aurons l'aval du Directeur. Je ne prévois aucune sorte de difficulté.

— Vous ne pouvez pas donner vous-même le feu vert ?

— Eh bien, non. Pas vraiment. Mais je peux transmettre un avis favorable au chef de service. Lui peut donner directement son accord. Et je pense qu'il le fera.

— C'est très aimable à vous.

— C'est la moindre des choses. Je dis toujours que nous sommes au service des gens et pas pour créer des obstacles, par simple manie de l'obstruction. Nous avons pour mission d'aider les gens autant que nous le pouvons. C'est notre travail. Bien. J'ai donc ajouté ma recommandation chaleureuse au bas du compte rendu. Tout ce qu'il me reste à faire maintenant est de la signer. Voilà. Je pense que nous ferions bien d'accélérer un peu le processus. Valérie, soyez gentille, trouvez-moi une étiquette rouge URGENT. Vous voyez, cette enveloppe parviendra directement au chef de service. Revenez demain à la même heure, monsieur Sansespoir. Vous devriez être en mesure de démarrer sur ce projet dès le lendemain. Demandez-moi personnellement au poste 374, si vous avez le moindre problème. J'ai été très heureux de faire votre connaissance monsieur Sansespoir. Au revoir, et bonne chance pour votre projet. Vous n'avez aucun souci à vous faire.

Le lendemain, Sansespoir apprend que le chef de service pourra le recevoir à 12 heures 30. Après avoir attendu dans l'antichambre, il est introduit à 13 heures 45 dans le petit bureau nu occupé par Monsieur Ivor Pinailleur, qui arbore une tenue sinistre, des lunettes sans monture et une expression mitigée.

— Ah ! monsieur Sansespoir, je me suis penché sur votre projet.

— Je pense que mon exposé est assez explicite. Mais si je peux vous éclairer sur un point particulier, je serais heureux de le faire.

— Ce ne sera pas nécessaire. Votre proposition est clairement décrite. L'ennui, c'est que — Mademoiselle Colletmonté, voulez-vous fermer la fenêtre, je vous prie. Il y a un de ces courants d'air ! — Que disais-je ? Ah, oui. L'ennui, c'est que votre plan est inapplicable, inacceptable et très probablement illégal. Il est, à mon sens, absolument hors de question de l'adopter.

— Oh, mais pourquoi donc ?

— Totalement et absolument impossible. J'aurais pensé que même Goodfellow s'en serait rendu compte. Ne serait-ce que d'un point de vue financier.

— Mais, sans doute...

— Hors de question, monsieur Sansespoir. Les objections à ce projet sont aussi nombreuses qu'insurmontables — Mademoiselle Colletmonté, glissez donc du papier sous cette fenêtre. Je sens toujours cet horrible courant d'air — Non, monsieur Sanspeignoir c'est impossible.

— Etes-vous sûr d'avoir le bon dossier sous les yeux ? Mon nom n'est pas Sanspeignoir mais Sansespoir.

— Pensez-vous vraiment que j'aurais pu traiter d'un tel sujet sans avoir étudié le dossier correspondant ?

— C'est-à-dire que... Vous n'avez pas le nom exact.

— Et cela prouverait que toute notre procédure est...

— Je n'ai jamais dit ça.

— Je pense que si.

— Dans ce cas, je suis victime d'un préjugé défavorable et vous devriez en référer à une autorité supérieure.

— C'est justement mon intention. En attendant, je dois vous prier de quitter ce bureau avant que je ne téléphone à la police. Et pas de violence, je vous prie. Votre demande est rejetée. C'est sans appel. Et vous ne gagneriez rien en usant d'un langage déplacé. Bonne journée, Monsieur.

Dix jours plus tard, M. Sansespoir se retrouvera tout nerveux en présence du directeur adjoint, se demandant ce qui l'attend cette fois. Il n'a plus à s'inquiéter cependant, car M. Maiscommentdonc est à la fois charmant et serviable.

— J'ai ici le compte rendu de Pinailleur. Mais nous n'allons pas prendre cela trop au sérieux. Vous avez dû le voir à l'heure du déjeuner. Voyez-vous, c'est un fonctionnaire très consciencieux mais un peu susceptible à partir de midi. Maintenant, en ce qui concerne votre proposition, je ne vois aucune objection sérieuse à sa mise en application. En principe, elle devrait être acceptée. J'aimerais pouvoir en décider immédiatement de mon propre chef. Cependant, étant donné les points soulevés par Pinailleur, je dois faire suivre votre dossier au sous-directeur. J'appuierai fortement votre projet en le présentant comme un sujet d'importance prioritaire.

Une semaine plus tard, M. Sansespoir pénétrera d'un pas assuré dans le bureau du sous-directeur, pour se trouver face à un homme grand et mince, le visage décomposé et le regard désespéré à la perspective de ce que lui réserve l'avenir. C'est M. Pèsesesmots. Il tient le dossier mollement et dirige son visiteur vers un fauteuil. Le silence s'installe pendant une ou deux minutes, puis M. Pèsesesmots soupire :

— Non.

Après une autre minute de silence, il marmonne :

— Impossible...

Puis enfin, il s'enquiert :

— Avez-vous pris en compte toutes les difficultés ? Financières ? Politiques ? Economiques ? Avez-vous envisagé les réactions à l'étranger ? Avez-vous essayé d'évaluer les conséquences dans le cadre des Nations unies ? Je suis désolé, Monsieur, mais je n'ai guère le choix. Ce que vous nous proposez est, franchement, impossible.

Il finira par transmettre le dossier à une instance supérieure. Inutile de suivre ce cas jusqu'à sa conclusion logique. On sait d'ores et déjà que l'admirable M. Je Veux alternera régulièrement avec l'abominable M. Non-non. La décision finale dépendra cependant du nombre d'échelons de l'organisme ou, pour être plus juste, de l'importance relative de l'échelon auquel la décision sera prise.

A partir d'une étude de ce type de comportement administratif, on peut dégager certains principes à respecter par ceux qui seront en contact avec l'organisme. La première règle, qui ressort clairement, est de persévérer. Le candidat qui aurait abandonné le siège après une entrevue avec M. Pinailleur ou M. Pèsesesmots n'aurait jamais rencontré M. Maiscommentdonc ni parlé au supérieur de M. Pèsesesmots, Monsieur O.K. Oldman. Il est évident que la meilleure tactique est de persévérer jusqu'au moment où l'on se trouve face à un M. Je Veux.

C'est une situation à laquelle on est souvent confronté lorsqu'on fait des courses. Le vendeur vous répond d'emblée : « Non, nous n'avons pas de crème à raser Sopvite. Il y a très peu de demandes pour ce produit. » Le client expérimenté réalise aussitôt que le vendeur est trop paresseux pour vérifier s'il (ou elle) a l'article en magasin. Il décide donc d'attendre. Il trouve un tabouret et s'installe en affichant une patience sans limites. Dix minutes plus tard, le vendeur, malade à cette vue, apportera le Sopvite en marmonnant qu'il (ou elle) a trouvé un tube curieusement rescapé d'un ancien stock. Il a sans doute dû ouvrir un nouveau carton mais inutile d'épiloguer là-dessus. Le fait est que votre insistance l'a emporté. Dans les exemples imaginaires cités, les différents responsables ont automatiquement soumis la proposition à un niveau de responsabilité toujours plus élevé. Dans la vie réelle, il n'en aurait peut-être pas été de même. La tactique consiste donc à s'asseoir patiemment jusqu'à ce qu'ils le fassent. Il n'est pas nécessaire de dire grand-chose. Installez-vous simplement et fixez le responsable jusqu'à ce que l'exaspération lui force la main. L'habitude, et ses tendances naturelles, l'inciteront à soumettre le cas à quelqu'un d'autre. Vous aurez alors marqué un point, car l'autre responsable pourrait difficilement être plus négatif et pourrait bien l'être moins. La deuxième règle consiste à utiliser M. Je Veux une fois que vous l'aurez trouvé. Votre objectif est cette fois-ci d'obtenir une décision et d'éviter un nouveau renvoi à l'échelon supérieur. L'expérience vous apprendra que le supérieur d'un M. Je Veux est en principe un M. Non-non. Vous devrez donc convaincre M. Je Veux que la décision finale peut être la sienne. La technique consiste à laisser entendre qu'il est déplorable qu'on mobilise un responsable d'aussi haut niveau pour un sujet aussi futile.

Aussi, répéterez-vous :

— Je suis vraiment navré d'abuser ainsi de votre temps. Je dois admettre que c'est pour moi un réel plaisir de débattre de ce sujet avec un homme qui, de par sa position, est responsable de grandes décisions. On se lasse de ne discuter qu'avec des subalternes. Mais ce problème mérite à peine votre attention.

Ronronnant dans la douce chaleur de votre admiration, M. Je Veux pourrait bien vous accorder sur le champ une signature d'approbation, entraînant irrévocablement ses supérieurs dans une politique dont ils ignorent tout. Et c'est précisément ce que vous vouliez.

La troisième règle est d'éviter de perdre du temps avec

M. Non-non, une fois que vous l'aurez repéré. C'est une erreur répandue que de penser que M. Non-non pourrait se laisser convaincre par vos arguments et finalement dire « oui ». C'est là méconnaître la nature profonde de M. Non-non. Sa négation systématique n'exprime aucune opposition rationnelle à votre projet. Il dit « Non », parce qu'il s'est rendu compte que c'était plus facile et parce qu'il ne dit jamais rien d'autre. S'il disait « Oui », on pourrait lui demander de justifier les raisons de son enthousiasme. S'il approuvait votre projet, il pourrait bien se trouver impliqué dans le surcroît de travail qui découlerait de cette acceptation. Et si votre projet s'avérait un échec, il pourrait bien en être tenu pour responsable, ayant été le premier à le soutenir. Mais, en disant « Non », il est relativement tranquille. Cela ne demande aucune justification, parce que ceux qui sont au-dessus de lui dans l'organisme n'ont aucun besoin de savoir si « un tel projet lui a jamais été soumis. Cela n'implique aucun travail supplémentaire, puisque aucune action ne s'impose. Et le projet ne risque pas d'échouer, puisqu'il ne sera même pas mis à l'essai. Le seul risque est que le candidat obtienne gain de cause par une autre filière. Mais, même une acceptation ultérieure ne devrait pas inquiéter M. Non-non outre mesure. Il ne peut être tenu pour responsable d'aucun échec et on ne fera pas appel à son aide pour assurer le succès de l'opération. Peu de gens se souviendront de son opposition et à ceux-là, il pourra toujours répondre que le projet, *dans sa forme initiale* était inapplicable et que son efficacité après révision doit beaucoup aux saines critiques auxquelles il avait été soumis au tout début de son élaboration. M. Non-non n'a pas grand-chose à perdre.

Le succès de la mise en application des principes énoncés ci-dessus ne dépend pas de la mise en valeur des mérites du projet mais d'une observation préalable de l'organisme auquel il sera soumis. La procédure correcte consiste à compter le nombre d'échelons et à découvrir à quel niveau sont placés les MM. Non-non. Etablissez un organigramme en faisant figurer ces MM. Non-non par des cases noires dans ce que nous pouvons considérer sans scrupule comme une grille de mots croisés. Puis planifiez votre campagne de manière à éviter les cases noires, sautant d'un M. Je Veux à un autre, jusqu'à atteindre le plus bas niveau de décision possible. Dans un organisme comprenant des responsables qui disent toujours « Oui » et d'autres qui disent toujours « Non », le problème ne se pose pas en termes d'arguments, mais de tactique. Le navigateur ne négocie pas avec les écueils, il les évite. Il est évident, pour quiconque sait que les écueils existent, que c'est la seule politique à suivre. Par contre, il serait faux de croire que ces principes élémentaires représentent la somme des connaissances sur la question. La mentalité de M. Non-non, tel qu'elle est ici définie, ou du moins décrite, relève d'une investigation plus poussée. Nos recherches en la matière n'en sont qu'à leurs débuts.

11
La loi du délai
ou Comment gagner du temps

Il n'y a rien de statique dans notre monde en évolution constante et les études récentes tendent à prouver que l'abominable M. Non-non est progressivement remplacé par le Temporisateur Systématique (TS). Au lieu de dire « Non », le TS répond invariablement « Ça demande réflexion » (scientifiquement CDR), ces mots laissant présager une réponse négative par le biais de manœuvres dilatoires (ou MD). La théorie des MD repose sur une évaluation de la durée relative du délai équivalent à un « Non ». Par exemple, dans le cas d'un homme en train de se noyer qui appelle au secours et auquel on répond « Ça demande réflexion », une pause judicieuse de cinq minutes pourrait constituer à tous égards une réponse négative. Pourquoi ? Parce que le délai est plus long que les espérances de vie de celui qui ne sait pas nager. Le même principe s'applique à des problèmes d'ordre juridique. Prenons A, divorcé de B, et qui demande la garde de leur fille (âgée de 17 ans). Son avocat lui dira que cette dernière sera majeure avant que la question ne soit tranchée devant le tribunal. Dans un contexte commercial, A sera informé par B, son quincailler, que la tondeuse qu'il a choisie ne pourrait lui être livrée que dans six mois (c'est-à-dire en décembre).

Même principe. Ce sont là des exemples de MD, dans sa forme la plus simple.

Lorsqu'un problème urgent appelle une solution législative, le délai prend de nouvelles dimensions. La pause judicieuse correspondra néanmoins à l'espérance de vie (EV) de celui qui lance la proposition de loi. S'il s'agit d'une réforme des lois du divorce, réforme objectivement souhaitable, le TS commence par s'enquérir de l'âge et de la santé du réformateur. Sur la base d'une espérance moyenne de vie de 70 ans, modifiée par des facteurs individuels, il conclue que le réformateur A peut espérer s'agiter en vain pendant 8 ans encore. Dans ce cas, il doit s'assurer que le processus de manœuvres dilatoires (MD) déclenché par la réaction CDR durera au moins 9 ans. Pour tuer un projet dans l'œuf, il suffit souvent de faire en sorte que le « temps de réflexion » soit plus long que l'espérance de vie du réformateur. Pour beaucoup d'hommes altruistes, prendre conscience que leur existence ne suffirait pas à atteindre leur but équivaut à admettre que celui-ci est impossible à atteindre. Lorsqu'on assiste à une réforme utile, comme cela arrive quand même de temps à autre, c'est parce qu'un réformateur a vécu et travaillé bien au-delà des limites d'une espérance de vie raisonnable. Il arrive donc que le réformateur survive au TS. Ce dernier voue d'ailleurs une haine toute particulière aux réformateurs plus jeunes que lui. Dans certains cas, le facteur CDR est donc inférieur à l'espérance de vie (EV), ce qui a permis à quelques réformes de voir le jour.

Le réformateur ou le novateur moyen renonce plus facilement, laissant le TS dans une position de force, prêt à contrer la proposition suivante en utilisant la même tactique. Les délais seront ainsi délibérément considérés comme une forme de rejet et prolongés jusqu'à couvrir la durée de vie du réformateur que l'on veut dissuader. *Le délai est la forme la plus fatale du refus.* En termes mathématiques, cette loi du délai est représentée par l'équation suivante :

H.M.S.O.
OUT

Etant donné que :

V = EV ou espérance de vie de la personne qui est à l'origine d'un projet de réforme

m = CDR ou le laps de temps qui s'écoule entre la proposition initiale et l'aboutissement final

n = le nombre d'objections hors-sujet soulevées au cours des débats

et p = l'âge du Temporisateur Systématique

$$x = \frac{(V + n)^m}{3p}$$

x représente alors la durée du délai qui équivaudrait à un refus.

A ce stade, il est nécessaire de souligner que le TS déclare rarement d'emblée : « Ce projet ne peut être mené à bien dans le temps qui vous reste à vivre. » Il laisse simplement cette évidence ressortir subrepticement au cours de la discussion.

Le meilleur moyen, dira-t-il sur un ton apparemment bien intentionné, est de désigner une commission d'étude. Elle mettra sur pied un projet schématique dont les différentes rubriques seront soumises à des sous-commissions chargées d'en analyser les implications juridiques, économiques, cyniques, techniques, politiques, hystériques, statistiques, critiques et classiques. Ces sous-commissions feront leur rapport à la commission d'étude qui publiera alors un rapport provisoire. Ce dernier devra être soumis à une commission d'enquête qui se réunira en 1985, au plus tard, et qui aura pour objet de mettre en évidence les procédures à adopter en décidant, tout d'abord, s'il y a lieu ou non de pousser plus avant les investigations en la matière.

Marquant une pause pour reprendre son souffle, le TS calculera au dos d'une enveloppe la durée du délai équivalent à un rejet. Ayant élaboré un processus qui devrait durer, disons jusqu'en 1987, il réalisera que la cible à atteindre est 1990. Il poursuivra donc :

— Supposons, et je tiens à souligner que cette question est plus — bien plus — qu'une simple formalité, supposons donc qu'il y ait effectivement lieu de poursuivre une telle action. Le rapport final de la commission sera transmis à un groupe de travail interdépartemental du Parti qui statuera sur la composition de la commission de planification. Cette dernière aura pour mission d'initier des contacts avec le sous-secrétaire d'Etat qui soumettra le dossier au ministre lui-même. En cas de réaction favorable, la question sera soulevée au cours du congrès du Parti à Skegness. Et ce sera au Parti de décider s'il est opportun d'en débattre si peu de temps avant (ou éventuellement si peu de temps après) les élections générales. A la lumière d'une telle décision, le ministre donnera alors ses directives. A ce stade, cependant, il ne fera guère plus qu'admettre le principe de la nécessité d'une étude plus approfondie de votre projet.

Cela suffit en général à clore la discussion sans la moindre réaction de la part de l'interlocuteur du TS. La seule perspective qui s'offre au réformateur, c'est une succession interminable de comités essayant de décider si l'intérêt de sa proposition justifie ou non une enquête préliminaire avant d'en référer à une commission d'étude. La comitologie (science de la constitution de comités) est une vieille méthode pour gagner du temps. Mais les techniques de délais ont été renforcées dans notre monde moderne par l'importance généralement accordée à la recherche. En matière scientifique, la première règle, nous le savons, est de mettre en évidence des faits. Cette même règle, s'appliquant aux problèmes humains nous amène à évaluer une vague de criminalité non plus en termes de principes mais de mesures. S'il y a des émeutes raciales à Los Angeles, notre première réaction est de compter les Noirs. La seconde, est de chercher à savoir s'ils sont aussi noirs qu'ils en ont l'air. Que cette obsession des faits soit un substitut à une décision, cela ne fait aucun doute. Ce que nous admettons moins volontiers, c'est que cette obsession est également un substitut à la réflexion. Les mois que nous passons à écouter les points de vue des statisticiens, des psychologues, graphologues, sociologues, alchimistes et autres aliénistes ne sont pas seulement des mois d'inaction. Ils ont pour effet de détourner notre capacité de réflexion (et d'action).

Il nous faudra bien réaliser un jour que les réformes dépendent de l'existence de réformateurs qui savent faire valoir non seulement leurs connaissances spécifiques, mais leur culture générale, de gens qui savent s'imposer leur propre loi, de gens qui disent « pourquoi pas ? » plus souvent que « pourquoi ? » et refusent de prêter l'oreille aux propos dissuasifs des TS.

On apprenait aux officiers de l'armée, et on leur apprend sans doute encore à faire un « point de la situation ». Dans ce but, on posait l'hypothèse théorique d'un conflit. L'ennemi avançait de A vers B. On avait fait sauter le pont en X et détruit la voie ferrée en Y. Toutes les communications avec l'unité la plus proche étaient coupées. Cerné de toutes parts, l'officier harassé était censé s'asseoir et tracer en tête d'une feuille de papier-écolier le titre « Point de la situation », souligné, avant d'exposer les détails de son objectif, les facteurs qui pourraient affecter sa réalisation, les alternatives offertes et la conclusion qui s'imposait inévitablement. Personne n'a jamais été félicité pour avoir conclu que l'erreur fondamentale était d'avoir choisi d'entrer dans l'armée.

Il ne faut pas mettre en doute, cependant, la valeur de cet exercice mental. Que les gens mettent ou non en pratique les éléments d'une telle réflexion, la logique de ce « point de la situation » est très positive. On pourrait supposer que l'erreur la plus répandue chez ceux qui manquent d'expérience est une mauvaise interprétation des faits. En fait, la véritable pierre d'achoppement est toujours le paragraphe « Objectif ». Pour la plupart des gens, il est beaucoup plus difficile de décider de ce qu'ils vont faire que de décrire comment ils se proposent de le faire. Quant aux facteurs susceptibles d'affecter la situation, dans un sens comme dans l'autre, ils n'entrent en ligne de compte que dans la mesure où ils influent sur l'objectif. Si l'objectif est mal défini, tout le reste de l'analyse sera faussé. Une telle observation se vérifie en temps de guerre comme en temps de paix, et le réformateur-né est celui qui définit d'abord son objectif avant de tenir compte des statistiques.

Une fois cet objectif clairement défini, quelle sera l'étape suivante ? A coup sûr un rapport. Et c'est là que réside l'un des écueils les plus dangereux. Autrefois, et aujourd'hui encore semble-t-il, le réformateur chercherait à donner à ses idées la plus large diffusion possible et ferait imprimer ou tirer son rapport en un grand nombre d'exemplaires. Par souci d'économie, de temps et d'argent, il commanderait toujours quelques exemplaires de réserve. S'il avait prévu de diffuser 78 exemplaires, il en commandera 100, juste au cas où il en aurait besoin davantage. S'il en avait prévu 780, il en commandera 1 000. Mais les exemplaires en excédent représentent, pour tout gestionnaire, une perte déplorable. La réaction naturelle est de les distribuer à ceux qui s'intéressent à la question de façon marginale. Mais à chaque fois on augmente encore le tirage, car les listes de diffusion, comme beaucoup de choses, ont une tendance innée à s'allonger. Et, tout aussi inévitablement, ces listes s'étendent à des gens qui sont de moins en moins concernés. De plus en plus de gens, à des niveaux de plus en plus bas, passeront de plus en plus de temps à lire des choses qui les concernent donc de moins en moins.

C'est à ce stade que le réformateur désireux de circonvenir le TS trouve une parade inattendue en puisant dans les ressources de la technologie moderne. En déterminant sur une machine adéquate le tirage exact d'un rapport clairement rédigé et convaincant — tirage calculé en fonction du nombre précis de décisionnaires concernés par son rapport — le réformateur évite à la fois le délai et l'incompréhension. Son projet tombera ainsi sous les yeux des bons interlocuteurs et au bon moment.

Ceux qui rédigent ce type de rapport ont eu au préalable le temps de la réflexion. Sur trois points, l'auteur d'un rapport bien conçu et diffusé de manière sélective prend l'avantage sur le TS. Il définit son objectif ; en comité, il ébranle la confiance de ceux qui ne l'auront pas lu ; et très probablement, il jette les bases du projet qui sera finalement approuvé.

La loi du délai de Parkinson ne peut être ni amendée ni abrogée, mais elle peut bien sûr être contournée. L'homme a bien dépensé des trésors d'ingéniosité pour faire décoller des avions. Peut-être un jour sera-t-il capable des mêmes efforts pour faire décoller des idées.

12
La volonté du peuple
ou L'assemblée générale annuelle

Nous connaissons tous la différence fondamentale entre les institutions parlementaires anglaises et françaises ; les unes et les autres ont été copiées par d'autres assemblées auxquelles elles ont respectivement servi d'inspiration. Nous savons pertinemment que cette différence fondamentale n'a rien à voir avec des questions de tempérament national mais qu'elle tient uniquement à la disposition des bancs. Les Anglais, habitués dès leur enfance aux jeux d'équipe, pénètrent dans leur Chambre des Communes avec l'esprit de gens qui feraient volontiers autre chose. S'ils ne peuvent jouer au golf ou au tennis, ils peuvent tout au moins prétendre que la politique est un jeu aux règles très similaires. Sans ce subterfuge, le Parlement éveillerait encore moins d'intérêt qu'il ne le fait déjà. Aussi l'instinct pousse-t-il les Anglais à former deux camps opposés, avec arbitre et juges de touche et à les laisser discuter jusqu'à ce qu'ils se soient épuisés. La Chambre des Communes est ainsi disposée que tout membre du Parlement est pratiquement obligé de prendre parti pour un camp ou pour l'autre avant de connaître les arguments des deux adversaires ou même (dans certains cas) avant de savoir quel est le sujet de la discussion. Depuis sa plus tendre enfance, il a été formé à jouer pour son camp et cela lui évite tout effort mental inutile. Quand il se glisse à sa place à la fin d'un discours, il sait exactement comment reprendre la discussion au point où elle est parvenue. Si l'orateur est de son bord, il dira : « Très bien ! Très bien ! » Si au contraire l'orateur appartient au camp opposé, il peut en toute sécurité dire « Scandale ! » ou simplement « Oh ! » Peut-être un peu plus tard aura-t-il le temps de demander à son voisin de quoi l'on discute. Mais, à strictement parler, ce n'est pas nécessaire. Il sait de toute façon qu'il ne doit pas marquer contre son propre camp. Les hommes qui sont assis de l'autre côté ont tort et tous leurs arguments ne valent pas tripette. Les hommes qui siègent de son côté sont au contraire des hommes d'Etat avisés et leurs discours sont un heureux mélange de sagesse politique, d'éloquence et de modération. Peu importe également que notre membre du Parlement ait appris la politique à Harrow ou en suivant la carrière d'Aston Villa. A l'une ou l'autre école, il aura appris quand on doit applaudir et quand on doit manifester sa réprobation. Mais le système britannique dépend uniquement de la disposition des sièges. Si les bancs ne se faisaient pas face, nul ne pourrait distinguer la vérité de l'erreur — ou la sagesse de la folie — ou alors il faudrait écouter tout ce qui se dit, ce qui serait proprement ridicule car de toute évidence la moitié des discours n'ont ni queue ni tête.

En France, l'erreur initiale a été de faire siéger les représentants en demi-cercle, faisant tous face à la tribune. La confusion que doit nécessairement entraîner une pareille disposition serait facile à imaginer si elle n'était notoire. Il a été impossible de former des équipes véritablement opposées et personne ne saurait dire quel argument est le plus décisif. Par-dessus le marché, tous les débats ont lieu en français — un exemple que les Etats-Unis, par exemple, ont eu la sagesse de se refuser à suivre. Mais le système français est fondamentalement mauvais, toute question de difficulté linguistique mise à part. Au lieu d'avoir deux camps, l'un dans le vrai, l'autre dans l'erreur — si bien que l'on sait dès le début où l'on en est —, les Français forment une multitude d'équipes qui s'opposent dans toutes les directions. Avec un terrain sur lequel règne une telle confusion, la partie ne peut même pas commencer. En principe, les députés appartiennent à la droite ou à la gauche, selon la place où ils sont assis. C'est une disposition fort simple en apparence. Les Français n'ont pas poussé les choses jusqu'à faire asseoir les députés par ordre alphabétique. Mais la forme semi-circulaire de la Chambre permet de subtiles distinctions entre les divers degrés de droite et de gauche. On ne retrouve pas dans le Parlement français la distinction bien tranchée des Britanniques entre la vérité et l'erreur. Un député est situé politiquement comme étant à la gauche de M. Untel, mais très à droite de M. Machin. Comment s'y reconnaître ? Comment s'y reconnaîtraient-ils eux-mêmes ? La réponse est simple : ils ne s'y reconnaissent pas plus que vous ou moi.

Ce sont là des choses que l'on sait généralement. Ce que l'on méconnaît le plus souvent, par contre, c'est que la disposition des sièges a une importance tout aussi primordiale quand il s'agit d'autres assemblées, congrès, réunions internationales et locales. C'est vrai, par exemple, de réunions autour d'une table telles que les conférences de la Table Ronde. Il suffit de réfléchir un instant pour se convaincre qu'une conférence de la Table Carrée serait quelque chose de totalement différent et qu'une conférence de la Table Rectangulaire serait encore autre chose. Ces différences n'affectent pas seulement la longueur et l'âpreté des discussions ; elles influent également sur ce qui se décide à ces conférences (si tant est qu'il s'y décide quelque chose). On sait bien que le vote se fait rarement d'après les mérites de l'affaire en discussion. La décision finale dépend de toute sorte de facteurs, que nous n'avons pas à étudier pour l'instant dans le détail. Il importe toutefois de noter que le débat est tranché en fait par les votes du bloc du centre. Cela ne serait pas vrai à la Chambre des Communes où un pareil bloc ne peut se constituer. Mais dans les autres assemblées, le bloc du centre joue un rôle capital. Ce bloc comprend essentiellement les éléments suivants :

a. Ceux qui n'ont pas réussi à comprendre les mémorandums rédigés d'avance et distribués depuis des semaines à tous les votants susceptibles d'être présents.

b. Ceux qui sont trop stupides pour suivre les débats. On les reconnaît aisément à leur tendance à se murmurer à l'oreille les uns des autres : « De quoi parle-t-il donc ? »

c. Ceux qui sont sourds. Ils siègent, la main en cornet autour de l'oreille, en grommelant : « Si seulement les gens se donnaient la peine d'articuler... »

d. Ceux qui ont fini la nuit ivres morts et qui sont venus (Dieu sait pourquoi) avec une migraine fracassante et la conviction que de toute façon rien n'a d'importance.

e. Les grands vieillards qui mettent tout leur orgueil à être aussi « d'attaque » que jamais — plus même que nombre de leurs collègues plus jeunes. « Je suis venu à pied, chevrotent-ils. Pas mal, n'est-ce pas, pour quatre-vingt-deux ans ? »

f. Les faibles qui ont eu le tort de promettre leur soutien aux deux parties et qui ne savent plus comment s'en tirer. Ils se demandent s'ils doivent s'abstenir ou prétexter une indisposition.

Si l'on entend s'assurer les votes du bloc du centre, la première tâche consiste à en identifier et à en compter les membres. Cela fait, tout le reste dépend de l'endroit où ils doivent siéger. La meilleure technique consiste à dépêcher des supporters sûrs et résolus ayant pour mission d'engager la conversation avec certains membres du bloc du centre avant que commence la séance proprement dite. Lors de cette conversation préliminaire, les vaillants supporters se garderont bien de faire allusion au sujet principal du débat. Ils utiliseront les ouvertures énumérées ci-dessous et correspondant aux catégories a à f, dans lesquelles se rangent tout naturellement les membres du bloc du centre :

a. Voulez-vous que je vous dise ? Toute cette paperasserie, c'est une perte de temps. J'ai flanqué au panier la plupart des mémorandums qu'on m'avait remis.

b. Je présume que nous n'allons pas tarder à être noyés sous des flots d'éloquence. Je regrette souvent que les gens ne parlent pas moins et n'en viennent pas plus directement au fait. Ils tournent autour du pot, voilà ce qu'ils font.

c. L'acoustique de cette salle est absolument épouvantable. On aurait pu croire que tous ces soi-disant techniciens auraient fait quelque chose pour y remédier. Les trois quarts du temps, *je n'entends même pas ce qu'on dit. ET VOUS ?*

d. Quel horrible endroit pour se réunir ! Il doit y avoir quelque chose de défectueux dans la ventilation. C'est tout juste si je ne me sens pas mal à l'aise. Pas vous ?

e. Bonté divine, je me demande comment vous faites pour avoir l'air aussi en forme ! Dites-moi votre secret. C'est ce que vous prenez au petit déjeuner ?

f. On parle tant pour et contre que je ne sais vraiment plus qui a raison. Qu'est-ce que vous en pensez, vous ?

Si l'on utilise habilement ces divers gambits, chaque supporter se trouvera bientôt lancé dans une conversation fort animée, au cours de laquelle il entraînera son homme du centre vers la tribune. En même temps, un autre supporter viendra prendre place juste devant eux et se dirigera du même côté. Un exemple concret permettra d'illustrer plus clairement la manœuvre. Supposons que le supporter X (M. Décidé) pilote le membre du bloc du centre Y (M. Hésitant, type f) vers une place, *non loin du premier rang.* Devant eux marche le supporter Z (M. Résolu) qui s'assied sans paraître prendre garde aux deux hommes qui le suivent. M. Résolu leur tourne le dos et salue de la main un de ses collègues assis un peu plus loin. Puis il se penche en avant pour glisser une remarque dans l'oreille de l'homme assis devant lui. Ce n'est que quand Hésitant s'est assis que Résolu finira par se tourner vers lui en disant : « Mon cher... comme je suis

ravi de vous voir ! » Et, seulement quelques minutes plus tard, il apercevra Décidé et s'écriera avec une surprise manifeste : « Bonjour, Décidé... je ne pensais pas vous voir ici ! — Je suis rétabli maintenant, répond Décidé. Ce n'était qu'un coup de froid. » La rencontre ainsi paraît parfaitement accidentelle et pas le moins du monde préméditée. Ici s'achève la phase I de l'opération, qui se serait déroulée sensiblement de la même façon si le membre du bloc du centre avait appartenu à une autre catégorie que la f.

La phase II doit être adaptée au caractère de l'homme à influencer. Dans le cas de Hésitant (Type f), l'objet de la phase II est d'éviter toute discussion à propos de la question mise aux voix, mais au contraire de donner l'impression que la chose est déjà décidée. Assis comme il est près du premier rang, Hésitant ne verra guère ses collègues et on pourra lui donner l'impression qu'ils sont pratiquement tous du même avis.

— Vraiment, déclare Décidé, je me demande pourquoi je me suis donné le mal de venir. J'ai l'impression que sur cet Article 4, tout le monde est à peu près d'accord. Je ne vois que des gens ayant l'intention de voter pour (ou contre, selon le cas).

— C'est curieux, renchérit Résolu. J'allais vous le dire. Le résultat du vote ne semble guère faire de doute.

— Je ne savais pas trop que voter, reprend Décidé. Il y avait du pour et du contre. Mais ce serait vraiment perdre son temps que de s'opposer à cet article. Qu'en pensez-vous, Hésitant ?

— Mon Dieu, fait Hésitant, je dois dire que tout cela me paraît assez déconcertant. D'un côté, il y a de solides raisons en faveur de la motion proposée... D'un autre côté... Pensez-vous qu'elle va passer ?

— Mon cher Hésitant, sur ce point, je me fierai à votre jugement. Vous venez de dire que tout le monde était pratiquement d'accord pour voter oui.

— Vraiment ? Oh, bien sûr, il semble y avoir une majorité... Mais peut-être tout de même...

— Merci, Hésitant, de votre avis, déclare Résolu. Je pense comme vous, mais je suis enchanté de voir que vous êtes d'accord avec moi. Il n'y a personne à l'opinion de qui j'attache un aussi grand prix.

Décidé, cependant, se penche pour parler à quelqu'un assis au rang derrière lui. Ce qu'il chuchote en fait, c'est : « Comment va votre femme ? Elle est sortie de clinique ? » Mais, quand il se retourne vers Hésitant et Résolu, c'est pour annoncer que ses voisins de derrière pensent comme lui. Autant dire que la motion est votée. Tout se passe donc conformément au plan prévu.

Tandis que le camp adverse s'est occupé à préparer des discours et à mettre au point des textes d'amendement, le camp qui possède la meilleure technique se sera consacré à encadrer chaque membre du bloc du centre de deux supporters sûrs. Quand vient le moment crucial, la main qui se lève à sa droite et celle qui se lève à sa gauche obligeront pratiquement l'hésitant à suivre le mouvement. Si d'aventure il s'était assoupi, ce qui arrive souvent aux membres du bloc du centre des catégories d et e, son voisin de droite lui fera lever la main. Cette règle est simplement destinée à empêcher qu'on ne lui fasse lever les deux mains, geste qui ne va jamais sans provoquer quelques commentaires désobligeants. Une fois les votes du bloc du centre ainsi assurés, la motion passera avec une confortable majorité ; ou bien au contraire elle sera repoussée, si c'était là le résultat cherché. Dans presque tous les cas où la décision doit être prise par la volonté du peuple, on peut supposer que la décision viendra des membres du bloc du centre. C'est donc une perte de temps que de prononcer des harangues. Dans un camp, on ne se ralliera jamais, dans l'autre on a déjà décidé de voter pour. Reste le bloc du centre, dont les membres se divisent entre ceux qui n'entendent pas ce qui se dit et ceux qui ne comprendraient pas, même s'ils entendaient. Pour s'assurer leurs votes, ce qu'il faut avant tout, c'est l'exemple de ses deux voisins immédiats. Leurs votes peuvent donc, par un pur effet du hasard des places, pencher d'un côté ou de l'autre. Combien il paraît au contraire plus souhaitable de les faire pencher par une judicieuse manœuvre du côté que l'on désire.

STRUCTURE

13
Directeurs et conseils
ou Le coefficient d'inefficacité

Le cycle de vie du comité ou du conseil est d'une importance si fondamentale pour notre connaissance des affaires courantes qu'il est surprenant qu'on n'ait pas accordé plus d'attention à la science de la comitologie. Le premier et le plus élémentaire principe de cette science, c'est qu'un conseil est organique plutôt que mécanique dans son essence : ce n'est pas une structure, mais une plante. Il prend racine et se développe, il fleurit, se fane et meurt, répand les graines dont naîtront à leur tour d'autres conseils. Seuls ceux qui gardent présent à l'esprit ce principe peuvent véritablement comprendre la structure et l'histoire du gouvernement moderne.

Les conseils, la chose est aujourd'hui reconnue, se divisent en deux catégories : *a)* ceux dont les membres ont quelque chose à gagner ; et *b)* ceux auxquels leurs membres peuvent seulement apporter quelque chose. Les exemples du groupe B ne nous intéressent pas en l'occurrence : d'aucuns mettent même en doute leur existence. C'est du groupe A, plus robuste, plus étoffé, que nous pouvons tirer le plus commodément les principes qui (à quelques modifications près) s'appliquent à tous les conseils. Dans le groupe A, les conseils les plus profondément enracinés et les plus luxuriants sont ceux qui confèrent à leurs membres le plus de puissance et de prestige. Dans presque toutes les parties du monde, ces conseils sont appelés « cabinets ». Ce chapitre est le fruit d'une étude approfondie des cabinets nationaux, à travers l'espace et le temps.

Examiné au microscope, le conseil de cabinet au premier abord semble — aux yeux des comitologues, des historiens et même des gens qui forment les cabinets — avoir pour composition idéale le chiffre de cinq membres. Avec ce chiffre, la plante est viable, et deux membres peuvent à tout moment être absents ou malades. Cinq membres sont faciles à trouver et, une fois trouvés, peuvent agir avec compétence, discrétion et rapidité. Sur ces cinq membres, quatre peuvent être des experts, respectivement, en finances, en politique étrangère, en défense nationale et en droit. Le cinquième, qui n'a réussi à dominer aucun de ces sujets, devient généralement le président du Conseil ou Premier ministre.

Malgré tout l'intérêt que l'on peut avoir, semble-t-il, à réduire à cinq le total des membres du conseil, l'observation nous montre que ce chiffre s'élève bientôt à sept ou à neuf. L'excuse invoquée le plus souvent pour ce développement (avec cependant des exceptions au Luxembourg et au Honduras), c'est qu'on a besoin de spécialistes sur plus de quatre matières. Mais en fait, il existe une autre raison plus impérieuse d'augmenter l'effectif du conseil. Pour un cabinet de neuf membres, on constatera que la politique est dirigée par trois des membres, les renseignements fournis par deux et les comptes tenus par un seul. Avec le président qui est neutre, cela fait sept, les deux autres membres paraissant à première vue n'avoir qu'un rôle décoratif. Cette répartition des tâches fut observée pour la première fois en Angleterre en 1639, mais il est hors de doute qu'on avait découvert bien plus tôt la folie qui consiste à faire entrer plus de trois hommes capables et doués d'une certaine facilité d'élocution au sein d'un conseil. Nous sommes encore assez peu renseignés sur les fonctions des deux membres silencieux, mais nous avons de bonnes raisons de croire qu'à ce second acte de son développement, un cabinet sans eux ne serait pas viable.

Il existe de par le monde des cabinets (ceux du Costa Rica, de l'Equateur, de l'Irlande du Nord, du Libéria, des Philippines, de l'Uruguay et du Panama viennent aussitôt à l'esprit) qui sont restés à ce second stade, c'est-à-dire qui ont restreint à neuf le nombre de leurs membres. Ils constituent cependant une petite minorité. Ailleurs, et dans des territoires plus étendus, les cabinets ont en général été soumis à une loi de croissance. D'autres membres sont venus se joindre aux premiers, les uns en arguant de connaissances spécialisées, mais la plupart en raison du danger qu'ils présenteraient si on ne les admettait pas au sein du cabinet. On ne peut réduire au silence leur opposition qu'en les faisant participer à toutes les décisions prises. A mesure qu'on les fait entrer (et qu'on les apaise ainsi) l'un après l'autre, le total des membres s'élève de dix à vingt. A ce troisième stade, les cabinets présentent déjà de sérieux inconvénients.

Le plus évident, c'est la difficulté de réunir des gens au même endroit, à la même date et à la même heure. Un membre part le 18, alors qu'un autre ne rentre que le 21. Un troisième n'est jamais libre le mardi, et un quatrième jamais avant cinq heures de l'après-midi. Mais ce ne sont là que les premiers ennuis car, une fois la plupart des membres réunis, il y a toutes les chances du monde pour qu'ils se révèlent vieillissants, querelleurs, incapables de s'exprimer de façon intelligible, et sourds. Peu d'entre eux ont été choisis en songeant qu'ils étaient, qu'ils pouvaient ou qu'ils auraient pu être utiles à quelque chose. On a sollicité la majorité d'entre eux dans le seul but de se concilier quelque groupe adverse. Ils ont donc tendance à rapporter ce qui se passe au groupe auquel ils appartiennent. Toute discrétion se trouve ainsi compromise et, ce qui est plus grave encore, les membres commencent à préparer leurs discours. Ils prennent la parole lors des réunions du cabinet et racontent ensuite à leurs amis politiques ce qu'ils s'imaginent avoir dit. Mais plus ces membres purement représentatifs se poussent ainsi du coude, plus nombreux sont d'autres groupes étrangers à la coalition gouvernementale à revendiquer une place dans le cabinet. Des partis se forment et cherchent à se renforcer en recrutant de nouveaux adhérents. Le chiffre de vingt est atteint et dépassé. Et ainsi, très brusquement, le cabinet entre dans le quatrième et dernier stade de son histoire.

Car, à ce point du développement du cabinet (entre vingt et vingt-deux membres), le conseil tout entier subit un soudain changement organique ou chimique. La nature de ce changement est facile à déceler et à comprendre. D'abord, les cinq membres qui comptent auront pris l'habitude de se réunir avant les séances normales du conseil. Une fois les décisions ainsi prises, le ministre, qui n'a de ministre que le nom, n'a plus grand-chose à faire. Par voie de conséquence, toute résistance à l'expansion du cabinet prend fin. Un plus grand nombre de membres ne fera pas perdre davantage de temps ; toute réunion du cabinet au complet est en effet une perte de temps. Les exigences des groupes extérieurs sont donc momentanément satisfaites par l'admission au sein du cabinet de leurs représentants, et des décennies peuvent fort bien s'écouler avant qu'ils aient compris combien leur gain a été illusoire en fait. Les portes étant désormais grandes ouvertes, les effectifs des membres s'élèvent de vingt à trente, de trente à quarante. On pourrait bientôt voir atteint le chiffre de mille. Mais peu importe. Car le cabinet a déjà cessé d'être un véritable cabinet et a été remplacé dans ses anciennes fonctions par un autre organisme.

A cinq reprises, dans l'histoire d'Angleterre, la plante a parcouru le cycle complet de son existence. Il serait difficile de prouver que la première incarnation du cabinet — le Conseil de la Couronne, que les Anglais appellent aujourd'hui la Chambre des Lords — a jamais eu un effectif inférieur ou égal à cinq membres. La première fois qu'il en est fait mention, en effet, ce conseil a déjà perdu son caractère d'intimité et compte entre 29 et 50 membres héréditaires. Son développement, par la suite, est allé de pair avec la diminution de ses pouvoirs. En chiffres ronds, il comptait 60 membres en 1601, 140 en 1661, 220 en 1760, 400 en 1850, 650 en 1911 et 850 en 1952.

A quel point de cette progression le conseil restreint est-il apparu parmi les pairs ? C'est vers 1257, ses membres s'intitulant les Lords du Conseil du Roi et n'atteignant pas le chiffre de 10. Ils n'étaient pas plus de 11 en 1378 et encore bien peu nombreux en 1410. Puis, à compter du règne de Henry V, ils ont commencé à se multiplier. Les 20 de 1433 étaient devenus les 41 de 1504, le total atteignant 172 quand le conseil cessa finalement de se réunir.

Au sein du Conseil du Roi se développa la troisième incarnation du cabinet — le Conseil Privé — qui comptait à l'origine neuf membres. Ce chiffre s'éleva à 20 en 1540, à 29 en 1547 et à 44 en 1558. A mesure que le Conseil Privé cessait de jouer un rôle, ses effectifs s'enflaient dans la même proportion. Il avait 47 membres en 1679, 67 en 1723, 200 en 1902 et 300 en 1951.

Au sein du Conseil Privé, se développa la junte ou Conseil de Cabinet, qui finit par remplacer son prédécesseur vers 1615. D'abord 8 quand nous entendons parler d'eux pour la première fois, ses membres étaient déjà 12 aux environs de 1700 et 20 en 1725. Le Conseil de Cabinet fut alors supplanté vers 1740 par un groupe interne simplement désigné depuis lors sous le nom de Cabinet. Le tableau ci-dessous donnera une idée claire de son développement :

TABLEAU I
Développement du Cabinet britannique

1740	5	1935	22
1784	7	1939	23
1801	12	1945	16
1841	14	1945	20
1885	16	1949	17
1900	20	1954	18
1915	22		

On constatera qu'à dater de 1939, une lutte s'est engagée pour sauvegarder cette institution ; une lutte similaire aux tentatives effectuées pour sauver le Conseil Privé sous le règne de la reine Elizabeth Ire. Le Cabinet a paru être sur son déclin en 1940, avec un cabinet restreint (de 5, 7 ou 9 membres) prêt à prendre sa place. L'issue de cette lutte demeure cependant douteuse. Il se peut que le cabinet britannique soit encore un organisme important.

Comparé au cabinet anglais, le cabinet américain a témoigné d'une extraordinaire résistance à l'inflation politique. Il comprenait en 1789 les 5 membres représentant le chiffre optimum, il n'en comptait encore que 7 en 1840, 9 en 1901, 10 en 1913, 11 en 1945 et — ce qui est contraire à la tradition — était redescendu à 10 en 1953. On peut se demander si cette tentative, amorcée en 1947, pour restreindre le nombre des membres, se poursuivra longtemps. L'expérience tend à souligner le caractère inévitable de la tendance opposée. En attendant, les Etats-Unis jouissent encore (avec le Guatemala et le Salvador) de la réputation d'un cabinet assez exclusif, puisqu'ils n'ont en fait guère plus de ministres que le Nicaragua ou que le Paraguay.

Quelle est donc la situation dans les autres pays ? La majorité des pays non totalitaires ont des cabinets comprenant de 10 à 12 membres. Si l'on prend la moyenne de quelque soixante Etats, on arrive au chiffre de 16 ; les chiffres les plus populaires sont 15 (dans sept cas) et 9 (sept cas aussi). De toute évidence, le cabinet le plus étrange est celui de Nouvelle-Zélande, dans lequel un ministre porte les titres de « Ministre de l'Agriculture, Ministre des Eaux et Forêts, Ministre des Affaires maories, Ministre chargé du Fonds maori et de la Préservation des Sites ». Quand on porte un toast à un banquet néo-zélandais, il convient également de prendre son élan quand on veut boire à la santé du « Ministre de la Santé, Ministre adjoint au Premier ministre, ministre chargé des Prêts d'Etat aux Corporations, chargé du Recensement et de la Statistique, des Fonds d'Etat, de la Publicité et de l'Information ». Heureusement que cette profusion quasi orientale est rare ailleurs.

TABLEAU II

Effectifs des divers Cabinets

6	Honduras, Luxembourg.
7	Haïti, Islande, Suisse.
9	Costa Rica, Equateur, Irlande du Nord, Libéria, Panama, Philippines, Uruguay.
10	Guatemala, Salvador, Etats-Unis.
11	Brésil, Nicaragua, Pakistan, Paraguay.
12	Bolivie, Chili, Pérou.
13	Colombie, république Dominicaine, Norvège, Thaïlande.
14	Danemark, Indes, Afrique du Sud, Suède.
15	Autriche, Belgique, Finlande, Iran, Nouvelle-Zélande, Portugal, Venezuela.
16	Irak, Pays-Bas, Turquie.
17	Irlande, Israël, Espagne.
18	Egypte, Grande-Bretagne, Mexique.
19	Allemagne de l'Ouest, Grèce, Indonésie, Italie.
20	Australie, Formose, Japon.
21	Argentine, Birmanie, Canada, France.
22	Chine.
24	Allemagne de l'Est.
26	Bulgarie.
27	Cuba.
29	Roumanie.
32	Tchécoslovaquie.
35	Yougoslavie.
38	U.R.S.S.

Une étude de l'exemple britannique tendrait à démontrer que le point d'inefficacité d'un cabinet est atteint quand le nombre de ses membres excède 20 ou peut-être 21. Le Conseil de la Couronne, le Conseil du Roi, le Conseil Privé avaient chacun dépassé le chiffre de 20 quand leur déclin a commencé. L'actuel cabinet britannique est à une unité du chiffre fatidique. On pourrait être tenté de conclure de là que les cabinets — ou autres conseils comportant plus de 21 membres — perdent la réalité du pouvoir et que ceux qui ont dépassé ce chiffre l'ont déjà perdue. Mais une pareille théorie ne saurait être défendable sans preuves statistiques. Le tableau II de la page précédente s'efforce d'apporter quelques éléments statistiques indispensables.

Nous faut-il donc tirer un trait sous le nom de la France (avec un cabinet de 21 membres) et dire que dans les Etats énumérés au-dessous de cette ligne le cabinet ne représente pas une émanation réelle du pouvoir ? Certains comitologues seraient disposés à accepter cette conclusion sans pousser plus avant leurs recherches. D'autres insistent au contraire sur la nécessité d'étudier soigneusement la situation, particulièrement alentour de la zone de 21. Mais on s'accorde en général à reconnaître que le coefficient d'inefficacité doit se situer entre 19 et 22.

Quelle explication peut-on avancer pour justifier cette hypothèse ? Il nous faut ici marquer une distinction bien nette entre le domaine des faits et celui de la théorie, entre le symptôme et la maladie. On est à peu près d'accord sur le symptôme le plus évident. On sait qu'avec plus de 20 membres présents, une réunion commence à changer de caractère. Des conversations se développent séparément à chaque bout de la table. Pour se faire entendre, un membre doit donc se lever. Une fois debout, il ne peut s'empêcher de prononcer un discours, ne serait-ce que par la force de l'habitude. « Monsieur le Président, dira-t-il pour commencer, je crois pouvoir affirmer sans crainte d'être contredit — et je vous parle avec vingt-cinq (je pourrais presque dire vingt-sept) années d'expérience — que nous devons examiner ce problème avec la plus grande attention. Une lourde responsabilité pèse sur nous, Messieurs, et pour ma part... » Au milieu de tout ce verbiage, les ministres présents qui jouent vraiment un rôle dans le Cabinet, si tant est qu'il y en ait, échangent de petits bouts de papier sur lesquels on lit : « Déjeunons ensemble demain ; nous réglerons cette question tranquillement. »

Que peuvent-ils faire d'autre ? La voix de leur collègue ronronne interminablement. L'orateur pourrait aussi bien parler dans son sommeil. Le conseil dont il est le membre le plus inutile ne compte plus. C'est un organisme fini. Epuisé. Mort.

C'est certain, mais la cause de cette triste situation va plus loin que cela et c'est elle qu'il convient de rechercher. Trop de facteurs d'une importance vitale sont inconnus. Quelle est la forme, quelle est la taille de la table ? Quel est l'âge moyen des présents ? A quelle heure le conseil se réunit-il ? Dans un ouvrage destiné au non-spécialiste, il serait absurde de répéter les calculs par lesquels on est parvenu à déterminer pour la première fois — et approximativement — le coefficient d'inefficacité. Qu'il suffise ici de dire que de longues recherches poursuivies à l'Institut de Comitologie ont permis d'établir une formule qui recueille aujourd'hui l'approbation quasi unanime des experts dans ce domaine. Il faut peut-être préciser également que les chercheurs ont supposé le climat tempéré, les fauteuils capitonnés de cuir et des ministres d'une grande sobriété. Sur ces bases, la formule s'exprime ainsi :

$$x = \frac{m^{\circ}(a - d)}{y + p\sqrt{b}}$$

Dans cette formule :

m représente le nombre moyen de membres présents ;

°, le nombre de membres influencés par la pression des groupes ;

a, l'âge moyen des membres ;

d, la distance en centimètres entre les deux membres les plus éloignés l'un de l'autre ;

y, le nombre d'années depuis lequel le cabinet ou le conseil a été formé ;

p, la patience du Président mesurée d'après l'échelle de Peabody ;

b, la tension artérielle moyenne des trois membres les plus âgés, prise peu de temps avant le début de la séance.

x représente alors le nombre des membres effectivement présents au moment où le fonctionnement efficace du cabinet ou du conseil est devenu manifestement impossible. C'est le coefficient d'inefficacité et les calculs ont permis de déterminer qu'il se situait entre 19,9 et 22,4. (Les décimales représentant une fréquentation partielle des réunions, c'est-à-dire les membres absents pendant une partie de la réunion.)

Il serait prématuré de conclure, à voir cette équation, que la science de la comitologie est parvenue à un stade avancé de son développement. Les comitologues et les subcomitologues se gardent bien d'afficher pareille prétention, ne serait-ce que par crainte d'être réduits au chômage. Ils affirment tout au contraire que leurs travaux ont à peine commencé et qu'ils sont sur le point de réaliser des progrès spectaculaires. Compte tenu de leur intérêt personnel — ce qui revient à dire qu'il convient de nier 90 % de leurs déclarations —, on peut affirmer qu'il reste beaucoup de travail à accomplir.

Nous devrions pouvoir, par exemple, découvrir la formule permettant de calculer le nombre optimum des membres d'un conseil. Ce nombre d'or se situe quelque part entre 3 (quand il est impossible d'atteindre un quorum) et environ 21 (quand tout l'organisme commence à dépérir). On a avancé — et c'est là une théorie intéressante — que ce nombre devrait être 8. Pourquoi ? Parce que c'est le seul chiffre que tous les Etats existants sont convenus d'éviter. (Voir Tableau II.) Mais pour séduisante que semble au premier abord cette théorie, elle se heurte à une sérieuse objection. Huit était le nombre des membres que le roi Charles Ier avait fixé pour son Conseil d'Etat. Et l'on sait ce qui lui est arrivé !

14
Injalitite
ou Paralysie administrative

On trouve partout un type d'organisation (administrative, commerciale ou académique) où les supérieurs sont enfoncés dans une morne routine, leurs subordonnés ne manifestant d'activité que dans les intrigues qui les opposent les uns aux autres, et les subalternes étant déçus ou incapables. On ne cherche pas à faire grand-chose. Et on n'arrive à rien. En contemplant ce triste tableau, nous concluons que ceux qui sont aux postes de commande ont fait de leur mieux, ont lutté contre l'adversité et fini par reconnaître leur défaite. Il semble aujourd'hui, d'après les résultats de récents travaux, que cette supposition soit erronée. Dans un fort pourcentage d'institutions moribondes examinées, l'ultime stade du coma est atteint de propos délibéré et au prix d'un effort prolongé. C'est évidemment le résultat d'une maladie, mais d'une maladie autoprovoquée. Dès les premières manifestations du mal, on a encouragé le progrès de la maladie, on en a aggravé les causes et accueilli à bras ouverts les symptômes. C'est la maladie de l'infériorité provoquée ou injalitite. C'est une affection plus communément répandue que l'on ne croit, et le diagnostic en est infiniment plus facile que le traitement.

Notre étude de la paralysie administrative commence,

en bonne logique, par une description du cours de la maladie depuis les premiers signes jusqu'au coma final. Le second stade de notre étude concerne les symptômes et le diagnostic. Le troisième mentionne, comme il se doit, quelques indications thérapeutiques, mais on ne sait pas encore grand-chose sur ce chapitre. Et il est douteux qu'on fasse de grands progrès dans ce domaine avant quelque temps, car la tradition de la recherche médicale britannique est résolument opposée à ce que l'on s'appesantisse sur ce sujet. Les spécialistes britanniques se contentent généralement de repérer les symptômes et de définir la cause. Ce sont les Français, au contraire, qui commencent par décrire le traitement et qui discutent par la suite du diagnostic, si même ils en parlent. Nous nous sentons tenus de suivre ici la méthode britannique qui ne sera peut-être d'aucune aide au patient, mais qui est incontestablement plus scientifique. Voyager dans l'espoir vaut mieux qu'arriver.

Le premier signe dangereux se manifeste par l'apparition dans la hiérarchie de l'organisation d'un individu qui allie une extrême incompétence à une jalousie maladive. Aucun de ces traits n'est bien significatif par lui-même et on les retrouve chez la plupart des gens. Mais quand ces défauts atteignent une certaine concentration — représentée par la formule $I^3 J^5$ —, une réaction chimique se produit. Les deux éléments se combinent pour former une nouvelle substance que nous avons baptisée « injalitance ». On peut sans erreur déceler la présence de cette substance en observant les actions d'un individu qui, n'ayant réussi à rien faire de son service, essaie constamment d'intervenir dans d'autres services et de prendre en main l'administration centrale. Le spécialiste qui observe ce mélange particulier d'échec et d'ambition secoue aussitôt la tête en murmurant : « Injalitance primaire ou idiopathique. » Les symptômes, nous allons le voir, sont parfaitement reconnaissables.

La phase suivante ou secondaire dans le progrès du mal est atteinte quand l'individu contaminé acquiert un contrôle partiel ou complet de l'organisation centrale. Dans bien des cas, on parvient à ce stade sans période d'infection primaire, l'individu ayant en fait pénétré à ce niveau dans l'organisation. L'individu injalitant est aisément reconnaissable à ce stade à l'acharnement qu'il déploie à éliminer tous ceux qui sont plus capables que lui, comme aussi à la résistance qu'il oppose à la nomination ou à l'avancement de quiconque pourrait se révéler plus capable que lui avec le temps.

Il n'ose pas dire : « M. Astérisque est trop capable », alors il dit : « Astérisque ? Il est peut-être habile... mais est-il *sûr ?* Je préfèrerais Tréma. » Il n'ose pas dire : « Je me sens si petit auprès de M. Astérisque », alors il dit : « Il me semble que M. Tréma a un jugement plus sain. » Le mot de jugement est intéressant et dans ce contexte désigne le contraire de l'intelligence : avoir du jugement, pris dans ce sens, signifie en réalité faire comme on a fait la dernière fois. Aussi M. Tréma est-il nommé et M. Astérisque s'en va-t-il chercher fortune ailleurs. L'administration centrale s'emplit peu à peu de gens plus bêtes que le président, que le directeur ou que le secrétaire général. Si le chef de l'organisation est un homme de second plan, il veillera à ce que ses collaborateurs soient tous des hommes de troisième plan ; et eux-mêmes tiendront à leur tour à ce que leurs subordonnés soient des gens de quatrième plan. Il ne tardera pas à y avoir une véritable concurrence dans la stupidité, les gens prétendant être encore plus bêtes qu'ils ne le sont en fait.

Le stade suivant ou tertiaire dans l'évolution de cette maladie est atteint quand il ne subsiste plus la moindre étincelle d'intelligence dans toute l'organisation, du haut en bas de l'échelle. C'est l'état comateux décrit dans notre premier paragraphe. Quand on est parvenu là, l'institution, sur le plan pratique, n'existe plus. Elle peut rester dans le coma vingt ans. Elle peut se désintégrer tranquillement. Elle peut même finir par se rétablir. Les cas de rétablissement toutefois sont rares. On trouvera peut-être étrange qu'une guérison soit possible sans traitement. C'est pourtant un processus extrêmement naturel et qui ressemble fort au phénomène en vertu duquel divers organismes vivants acquièrent une résistance à des poisons au premier abord mortels. Tout se passe comme si l'institution tout entière avait été aspergée d'une solution de DDT éliminant avec certitude tous les talents qu'elle rencontre. Pendant des années, cette pratique assure le résultat souhaité. Mais, à la longue, certains individus acquièrent une certaine immunité. Ils dissimulent leur compétence sous un masque de bonne humeur imbécile. Si bien que les gens chargés d'éliminer les compétences ne réussissent pas (par pure stupidité) à reconnaître l'intelligence quand ils la rencontrent. Un individu de valeur pénètre ainsi les premières défenses et commence à faire son chemin vers le sommet. Il continue son chemin, discutant golf et ricanant sottement, égarant des documents et oubliant des noms, bref ayant un air parfaitement normal. Ce n'est que quand il est arrivé très haut qu'il arrache soudain son masque et qu'il apparaît comme le roi des démons au milieu d'une cohue de fées de pantomime. Avec des cris de consternation, les grands patrons découvrent soudain la compétence au sein de leurs rangs. Il est trop tard alors pour faire quoi que ce soit. Le mal est fait, la maladie est en régression et la guérison est possible d'ici dix ans. Mais ces cas de guérison naturelle sont extrêmement rares. Quand les choses suivent leur cours normal, la maladie passe par les stades décrits plus haut et ne tarde pas à devenir incurable.

Nous avons vu en quoi consistait la maladie. Il nous reste maintenant à montrer par quels symptômes on peut déceler sa présence. C'est une chose en effet que de décrire les progrès d'une infection dans un cas imaginaire et où tout se passe conformément aux livres, et c'est tout autre chose que de pénétrer dans une usine, une caserne, un bureau ou un collège et de déceler du premier coup d'œil les symptômes. Nous avons tous vu un agent immobilier déambuler à travers une maison vide quand il agit au nom d'un acquéreur éventuel. Il ne met pas longtemps à ouvrir un placard ou à donner des coups de pied dans un buffet en s'écriant : « C'est pourri, tout ça ! » (alors que s'il agissait au nom du vendeur, il égarerait la clef du placard tout en attirant l'attention sur la vue que l'on a de la fenêtre). De même, un étudiant en sciences politiques peut reconnaître les symptômes de l'injalitite même dans sa première phase. Il s'arrête, hume l'air, hoche la tête et on devine aussitôt qu'*il sait.* Mais comment sait-il ? Comment peut-il affirmer que l'injalitance s'est installée ? Si le foyer initial d'infection était présent, le diagnostic serait plus facile, mais le diagnostic est quand même faisable lorsque le porteur de germes est en vacances. Son influence se sent dans l'atmosphère. Elle se perçoit surtout à certaines remarques du genre de : « Ce serait une erreur de notre part que de vouloir trop essayer. Nous ne sommes pas de taille à concurrencer la Superco. Ici, à Traintrain, nous faisons un travail utile, nous répondons aux besoins du pays. » Ou encore : « Nous n'avons pas la prétention d'être les premiers dans notre spécialité. C'est insensé la façon dont ces gens d'Extraboum parlent de leur travail, comme s'ils étaient sur le même pied que la Superco. » Ou aussi : « Certains de nos jeunes collaborateurs sont entrés à la Superco, un ou deux même à l'Extraboum. Ils ont probablement bien fait. Nous sommes enchantés de les voir réussir ainsi. Un échange d'idées et de personnel est une bonne chose… encore que, bien sûr, les quelques recrues que nous ayons en provenance de la Superco nous aient un peu déçus. Nous ne pouvons compter que sur les gens qu'ils ont congédiés. Enfin, il ne faut pas se plaindre. Nous nous efforçons dans la mesure du possible d'éviter toute friction. Et, dans l'humble mesure de nos moyens, nous pouvons affirmer que nous faisons du bon travail. »

Que suggèrent ces remarques ? Elles donnent à penser — ou plutôt elles indiquent clairement — que le but à atteindre a été fixé trop bas. On ne demande que peu de chose du personnel et on en accepte encore moins. Les directives données par un patron de second plan et adressées à ses assistants de troisième plan ne parlent que d'objectifs modestes et de moyens inefficaces. On n'exige pas plus de compétence, car une organisation trop parfaite échapperait au contrôle du chef d'entreprise. La devise « Toujours à la traîne » a été gravée en lettres d'or au-dessus de l'entrée principale. La médiocrité est devenue un principe. Le chercheur observera qu'on reconnaît pourtant l'existence d'organisations plus ambitieuses. A ce stade primaire, on perçoit encore une note d'excuse, de gêne, quand il est question de la Superco. Mais cette gêne ne dure pas. La maladie atteint bientôt son second stade qu'il nous faut maintenant décrire.

Cette phase secondaire se reconnaît à son symptôme principal qui est le contentement de soi. On s'est fixé des objectifs bas qu'on a donc facilement atteints. La cible a été placée à dix mètres du point de tir et les résultats ont donc été spectaculaires. Les directeurs ont accompli ce qu'ils voulaient réaliser. Ils ne tardent pas à être pleins de suffisance. Ils s'étaient fixé un but et voilà qu'ils l'ont atteint. Ils ont oublié qu'il fallait un mince effort pour parvenir à un piètre résultat. Ils observent seulement qu'ils ont réussi... contrairement aux gens de l'Extraboum. Ils deviennent de plus en plus contents d'eux et leur satisfaction se traduit par des remarques telles que : « Le patron est un homme remarquable quand on le connaît. Il ne dit pas grand-chose — ce n'est pas son genre —, mais il se trompe rarement. » (Ces derniers mots peuvent s'appliquer en toute équité à quelqu'un qui ne fait jamais rien.) Ou alors : « Ici, nous nous méfions assez du tape-à-l'œil. Ces gens qui se croient plus malins que les autres sont parfois terriblement dangereux : ils bouleversent une routine bien établie et proposent toutes sortes de méthodes qui n'ont jamais fait leurs preuves. Nous, nous obtenons de magnifiques résultats en comptant simplement sur le bon sens et sur le travail d'équipe. » Et enfin : « Notre cantine est vraiment quelque chose dont nous sommes fiers. C'est à se demander comment le traiteur peut fournir un aussi bon repas à ce prix-là. Nous avons de la chance de l'avoir ! » Cette dernière remarque étant faite alors que nous sommes assis à une table recouverte d'une toile cirée douteuse, devant une pâtée immangeable et impossible à identifier, jetée sur une assiette, et alors que nous frissonnons à la vue et à l'odeur de ce que l'on sert (sans ordonnance) sous le nom de café. La cantine, en fait, révèle plus encore que les bureaux. De même que, pour une évaluation sommaire, nous jugeons une maison particulière sur une inspection des W-C (pour voir s'il y a un rouleau de papier hygiénique de secours), de même que nous jugeons un hôtel à la qualité de sa salade, de même on peut juger une institution à l'aspect de sa cantine. Si la décoration est dans les marron foncé et les vert pâle ; si les rideaux sont pourpres (ou absents) ; si l'on n'aperçoit pas de fleurs ; s'il y a de l'orge dans le potage (avec ou sans cadavre de mouche) ; s'il y a au menu du hachis ; et si les directeurs sont encore ravis de tout cela, eh bien, l'institution en question est rudement mal en point. Car le contentement de soi, dans ce cas, en est arrivé au point où les responsables sont incapables de faire le distinguo entre ce qui est comestible et ce qui ne l'est pas. C'est vraiment la stupidité béate poussée à son paroxysme.

Le troisième et dernier stade de la maladie est celui où l'apathie est venue remplacer le contentement de soi. Les directeurs ne se vantent plus du rendement de leur entreprise comparé à celui d'une autre. Ils ont oublié qu'il en existe d'autres. Ils ont cessé de déjeuner à la cantine, préférant couvrir leurs bureaux de miettes. Les tableaux de service portent encore des annonces d'un concert donné quatre ans auparavant, le bureau de M. Dupont porte une plaque annonçant « M. Durand ». Sur la porte de M. Durand, on lit « M. Machin » écrit d'une encre pâlie sur une étiquette de bagages. On a réparé les carreaux cassés avec des bouts de carton. Les interrupteurs vous électrocutent légèrement mais de façon déplaisante quand on les fait fonctionner. Le badigeon s'écaille du plafond et, sur les murs, la peinture se boursoufle. L'ascenseur

NOTICES.
SHELTER

est en panne et on ne peut pas fermer le robinet du lavabo. L'eau dégouline de la verrière cassée dans un seau disposé à cet effet et, des profondeurs de la cave, monte la plainte d'un chat affamé. Le dernier stade de la maladie a amené l'organisation au bord de l'effondrement total. Les symptômes du mal dans cette dernière phase sont si nombreux et si évidents qu'un observateur expérimenté peut souvent les déceler par téléphone, sans même avoir à visiter les lieux. Quand une voix lasse répond « Allô ! » (ce qui est la réponse la plus vaine qui soit), souvent l'expert en a assez entendu. Il raccroche le récepteur en secouant tristement la tête. « En pleine phase tertiaire, murmure-t-il, et presque certainement inopérable. » Il est trop tard pour tenter aucun traitement. L'institution est pratiquement morte.

Nous avons maintenant décrit cette maladie telle qu'elle se présente vue de l'intérieur et vue de l'extérieur. Nous en connaissons l'origine, l'évolution et le pronostic, tout comme les symptômes qui permettent de la déceler. La science médicale britannique ne va généralement pas plus loin. Une fois qu'une maladie a été identifiée, baptisée, décrite et expliquée, les Anglais s'estiment le plus souvent satisfaits et tous prêts à se pencher sur le problème suivant qui se pose à eux. Si on les interroge sur un traitement éventuel, ils paraissent surpris et suggèrent l'emploi de la pénicilline, précédé ou suivi de l'extraction de toutes les dents du patient. On comprend tout de suite que ce n'est pas là un aspect du problème qui les intéresse. Devons-nous avoir la même attitude ? Ou bien, en tant qu'étudiants en sciences politiques, devons-nous nous demander si l'on ne peut vraiment pas remédier à cette situation ? Il serait sans doute prématuré de discuter dans le détail d'un traitement ou d'un autre, mais peut-être serait-il utile de préciser les grandes lignes suivant lesquelles on pourrait parvenir à une solution. On peut au moins poser certains principes. Le premier de ces principes pourrait s'énoncer ainsi : une institution malade ne peut se réformer elle-même. Il existe des cas, on le sait, de maladie disparaissant sans traitement, tout comme elle était apparue sans signe avant-coureur ; mais ces cas sont rares et le spécialiste les tient pour exceptionnels et indésirables. La cure, quelle qu'en soit la nature, doit venir de l'extérieur. Il est peut-être possible à un patient de procéder lui-même sous anesthésie locale à l'ablation de son propre appendice, mais c'est une pratique peu recommandable et qui soulève de nombreuses objections. D'autres opérations se prêtent encore moins à des exercices de dextérité de la part du patient. Le premier principe que l'on peut énoncer avec certitude est donc que le patient et le chirurgien ne doivent pas être la même personne. Quand une institution se trouve à un stade avancé de maladie, les services d'un spécialiste sont nécessaires et même, dans certains cas, ceux du plus grand spécialiste contemporain : Parkinson en personne. Ses honoraires seront peut-être fort élevés, mais il va de soi que dans de telles circonstances on ne doit pas regarder à la dépense. C'est, après tout, une question de vie ou de mort.

Le second principe que nous pourrions énoncer, c'est qu'à son stade primaire, la maladie peut être traitée par simple injection, qu'au stade secondaire, la chirurgie peut réussir dans certains cas et qu'au stade tertiaire, le mal doit être considéré, dans l'état actuel de la recherche, comme incurable. Il fut un temps où les médecins parlaient flacons et pilules, mais tout cela est dépassé. Il y a eu une autre période où l'on parlait plus vaguement encore de psychologie ; mais cela aussi est dépassé, la plupart des psychanalystes ayant depuis lors été enfermés. L'époque actuelle est celle des injections et des incisions et elle incite les spécialistes en sciences politiques à se tenir en contact constant avec la Faculté. Devant un cas d'infection primaire, nous préparons machinalement une seringue et n'hésitons que sur la nature du liquide qu'il convient d'y introduire (à l'exception de l'*aqua simplex*). L'injection en principe devrait contenir une substance active, mais dans quel groupe la choisir ? Un remède de cheval devrait comporter une forte proportion d'Intolérance, mais c'est un médicament difficile à se procurer et parfois trop puissant. L'Intolérance se trouve dans le sang des sergents de carrière et comprend deux éléments chimiques distincts : *a)* le meilleur est tout juste assez bon (BB°) et *b)* il n'y a jamais d'excuse à rien (NE°). Injecté à une institution malade, l'individu intolérant a un effet tonique, et peut amener l'organisme à faire face au foyer initial d'infection. Si ce traitement peut donner de bons résultats, rien ne permet d'affirmer avec certitude que la guérison sera définitive. C'est-à-dire que l'on ne sait pas si la substance infectieuse sera réellement évacuée du système. Les renseignements dont nous disposons nous incitent à penser que ce traitement n'est qu'un simple palliatif, la maladie demeurant latente encore qu'inactive. Certaines autorités estiment que des injections répétées provoqueraient la guérison totale, mais d'autres craignent que la répétition du traitement ne déclenche une nouvelle irritation, à peine moins dangereuse que l'affection initiale. L'Intolérance est donc un médicament à utiliser avec prudence.

Il existe un médicament moins violent appelé Ridicule, mais son action est incertaine, sa constitution instable et ses effets trop mal connus. On n'a guère de raisons de croire qu'une injection de Ridicule puisse causer des dommages, mais on n'est pas plus sûr de la guérison. On s'accorde généralement à reconnaître que l'injalitant a développé une épaisse couche protectrice qui le rend insensible au Ridicule. Peut-être le Ridicule tend-il à isoler l'infection, mais on ne peut guère en attendre davantage.

On peut noter enfin que la Réprimande, facile à obtenir, a été essayée dans ce genre de cas et non sans résultat. Mais là encore, on se heurte à des difficultés. Le produit est un stimulant immédiat mais peut donner des résultats exactement opposés à ceux qu'attend le spécialiste. Après un spasme provisoire d'activité, l'injalitant peut se révéler plus indolent que jamais et tout aussi dangereux en tant que porteur de germes. Si l'on veut employer la Réprimande, ce ne peut être qu'en tant qu'élément d'une préparation à base d'Intolérance et de Ridicule et même avec d'autres drogues encore inemployées. Mais il convient de préciser que ladite préparation n'existe pas encore.

Quant au stade secondaire de la maladie, nous le croyons, pour notre part, opérable. Les professionnels ont sans doute entendu parler de l'opération de Clemenceau. Cette opération pratiquée pour la première fois par le grand chirurgien qui lui a donné son nom comprend simplement l'ablation des parties atteintes en même temps que la transfusion de sang frais prélevé sur un organisme similaire. Cette opération a parfois réussi. Il convient cependant d'ajouter qu'elle a également échoué quelquefois. Le choc est parfois trop grand pour que l'organisme puisse le supporter. Il peut se révéler impossible de se procurer du sang frais et, même quand on l'a trouvé, il peut ne pas se mélanger au sang déjà en circulation. Mais cette méthode radicale présente incontestablement les meilleures chances de complète guérison.

Le stade tertiaire nous laisse parfaitement désarmés. L'institution est pratiquement morte. On peut la faire renaître mais seulement sous un nouveau nom, dans un autre cadre et avec un personnel entièrement renouvelé. La tentation est grande, pour un tempérament porté à l'économie, de transférer une partie de l'ancien personnel dans la nouvelle institution, en invoquant par exemple le principe de continuité. Une telle transfusion ne saurait être que fatale et la continuité est précisément la chose à éviter. Aucune portion de l'ancienne fondation malade ne peut être considérée comme à l'abri de toute infection. Une stricte quarantaine doit suivre une désinfection radicale. Le personnel contaminé doit être adressé, avec de chaudes recommandations, aux institutions rivales envers lesquelles on éprouve la plus vive hostilité. Tout le matériel et toutes les archives devront être détruits sans hésitation. Quant aux bâtiments, la meilleure formule consiste à les assurer grassement et à les incendier. Ce sera seulement quand il ne restera plus que des ruines noircies que nous pourrons avoir la certitude que les germes de la maladie ont été exterminés.

15
Le point mort de l'évolution
ou Le bloc administratif

Tous ceux qui ont étudié les institutions humaines connaissent bien l'étalon classique permettant de mesurer l'importance de l'individu. Le nombre de portes à franchir, le nombre d'adjoints et le nombre de téléphonistes : ces trois chiffres, ajoutés à l'épaisseur de la moquette en centimètres, nous ont donné une simple formule valable dans presque toutes les parties du monde. On sait moins, généralement, que la même évaluation peut être faite, *mais à l'envers*, en ce qui concerne l'institution elle-même.

Prenez, par exemple, une maison d'édition. Les éditeurs ont tendance, on le sait, à vivre dans une atmosphère de chaos sordide. Le visiteur qui se présente à ce qui lui semble être l'entrée se voit emmené dans un étroit passage, et conduit trois étages plus haut dans un autre bâtiment. De même un laboratoire de recherches est le plus souvent installé au rez-de-chaussée d'un ancien hôtel particulier, une sorte de tunnel en planches menant à une petite cabane au toit de tôle ondulée dans ce qui était jadis le jardin. Et ne connaissons-nous pas tous le paysage des aéroports internationaux ? Quand nous descendons de l'avion, nous apercevons (à notre droite ou à notre gauche) un superbe bâtiment entouré d'échafaudages. L'hôtesse de l'air nous emmène dans une baraque au toit en carton d'amiante. Et n'allons pas imaginer un instant qu'il puisse un jour en être autrement. Quand les bâtiments définitifs seront terminés, l'aéroport aura été installé ailleurs.

Les institutions déjà citées — pour actives et productrices qu'elles soient — s'épanouissent dans un décor si sordide et si improvisé qu'on pourrait être soulagé de trouver une institution se dressant dès l'abord dans la convenance et la dignité. La porte en bronze et en verre est disposée bien au centre d'une façade symétrique. Des chaussures bien cirées glissent sans bruit sur un tapis de caoutchouc luisant jusqu'à l'ascenseur miroitant et silencieux. La réceptionniste, à l'air hautement raffiné, tourne ses lèvres carminées vers un téléphone couleur bleu glace. Elle vous désigne un fauteuil aux pieds chromés, vous consolant avec un sourire éblouissant d'une brève mais inévitable attente. Levant les yeux du magazine sur papier glacé que vous feuilletez, vous constatez combien sont larges les couloirs qui se dirigent vers les services A, B et C. De derrière des portes closes parvient le bruit étouffé d'une activité ordonnée. Une minute plus tard, vous enfoncez jusqu'à la cheville dans la moquette du cabinet directorial, cheminant péniblement vers son bureau lointain et bien rangé. Hypnotisé par le regard scrutateur du grand patron, intimidé par le Matisse pendu au mur, vous avez l'impression d'avoir enfin découvert quelqu'un qui a le sens de l'organisation.

En fait, ce n'est pas du tout ça. On sait que seules les institutions au bord de l'effondrement parviennent à la perfection du décor. Cette conclusion apparemment paradoxale se fonde sur de longues recherches archéologiques et historiques, dont les détails plus ésotériques ne doivent pas trouver place ici. Disons seulement qu'en principe la méthode a consisté à choisir et à dater les immeubles qui semblent avoir été parfaitement conçus pour le propos qu'ils remplissent. Une étude comparative de ces divers bâtiments tend à prouver que la perfection topographique des bureaux est un symptôme de décadence. Durant une période de découvertes excitantes et de progrès, on n'a pas le temps de concevoir un quartier général parfait. Ce moment-là vient plus tard, quand tout le travail important a été fait. La perfection, on le sait, est définitive ; et ce qui est définitif est la mort.

Ainsi, aux yeux du touriste qui s'arrête frappé d'admiration devant Saint-Pierre de Rome, la grande basilique et le Vatican doivent sembler le siège idéal de la monarchie pontificale au sommet de son prestige et de sa puissance. C'est de là, songe-t-il, qu'Innocent III a dû lancer ses foudroyants anathèmes. C'est là que Grégoire VII devait faire la loi. Mais un coup d'œil au guide révélera au voyageur que les papes vraiment puissants régnaient bien longtemps avant que s'élevât le dôme de Saint-Pierre et qu'ils siégeaient souvent ailleurs. Bien mieux, les papes les plus récents avaient déjà perdu la moitié de leur autorité alors que les travaux étaient encore en cours. Jules II, qui prit la décision de faire construire, et Léon X, qui approuva le plan de Raphaël, étaient morts depuis longtemps quand les bâtiments prirent leur forme définitive. Le palais de Bramante était encore en construction en 1565, la grande basilique ne fut consacrée qu'en 1626 et les colonnades de la place ne furent terminées qu'en 1667. Les grands jours de la papauté étaient finis avant même que ce décor parfait fût conçu. Quand tout fut prêt, ils étaient presque oubliés.

Il est facile de démontrer que cet état de choses n'a rien d'exceptionnel. On en trouve un exemple analogue dans l'histoire de la Société des Nations. On fondait de grands espoirs sur la S.D.N. depuis sa création en 1920, jusqu'aux environs de 1930. En 1933, au plus tard, on pouvait constater que l'expérience se soldait par un échec. Mais son incarnation physique, le Palais des Nations, ne fut inaugurée qu'en 1937. C'était une construction à juste titre admirée. De longues méditations avaient présidé à la conception du secrétariat, des salles de réunion de commissions et des buvettes. On trouvait là tout ce que l'ingéniosité humaine pouvait apporter, tout, sauf la Société des Nations elle-même. L'année où l'on inaugura officiellement son Palais, la S.D.N. avait pratiquement cessé d'exister.

On pourrait arguer que le Palais de Versailles est l'exemple du cas opposé, que c'est l'incarnation architecturale de la monarchie louis-quatorzienne à son apogée. Mais ici encore les faits refusent de se plier à la théorie. S'il est vrai que Versailles représentait l'esprit triomphant de l'époque, sa construction ne fut achevée que vers la fin du règne du Roi-Soleil, et certaines parties même ne furent terminées que sous le règne suivant. La construction de Versailles s'est faite principalement entre 1669 et 1685. Le roi ne s'y est installé qu'en 1682 et même alors les travaux se poursuivaient. La fameuse chambre royale ne fut occupée qu'en 1701 et la chapelle achevée que neuf ans plus tard. En tant que siège du gouvernement et non plus résidence royale, Versailles date en partie de 1756 seulement. Alors que les véritables triomphes de Louis XIV se situaient surtout avant 1679, que l'apogée de son règne se trouve en 1682 et qu'à partir de 1685, sa puissance ne fait que décliner. D'après un historien, Louis, en venant à Versailles, « scellait déjà le sort de sa lignée et de sa race ». Un autre écrit de Versailles que « tout fut terminé à peu près au moment où le pouvoir de Louis commençait à décliner ». Un troisième défend tacitement cette théorie en décrivant la période 1685-1713 comme « les Années de Déclin ». Autrement dit, le visiteur qui considère Versailles comme l'endroit d'où Turenne s'est envolé vers la victoire se trompe grossièrement. Il serait historiquement plus exact d'imaginer quel a pu être dans ce cadre l'embarras des gens venus annoncer la défaite de Blenheim. Dans un palais resplendissant d'emblèmes victorieux, ils ne devaient pas savoir où poser le regard.

Le nom de Blenheim évoque évidemment le palais de ce nom, bâti pour le victorieux duc de Marlborough. Là encore, nous avons un palais idéalement conçu, pour servir cette fois de lieu de retraite à un héros national. Ses proportions héroïques sont peut-être plus spectaculaires que commodes, mais l'effet d'ensemble est conforme aux vœux des architectes. Nul cadre ne pouvait mieux convenir pour célébrer le culte d'une légende. Nul décor n'était mieux adapté aux rencontres entre vieux compagnons d'armes pour l'anniversaire d'une bataille. Le plaisir pourtant que l'on éprouve à se représenter cette scène est quelque peu gâté par la certitude qu'elle n'a pas pu avoir lieu. Le duc n'a jamais vécu là et n'a même jamais vu le palais terminé. Il résidait en fait à Holywell, près de Saint-Alban, et quand il était à Londres, à Marlborough House. Il est mort à Windsor et l'on sait que ses vieux camarades, quand ils se sont réunis, ont dîné sous une tente. Blenheim a pris du temps à construire, non pas à cause de la complexité de son plan — qui n'était pas d'une extrême simplicité, il faut bien le reconnaître —, mais parce que le duc était en disgrâce et même, deux ans durant, en exil pendant la période où normalement le château aurait dû être fini de bâtir.

Et que dire de la monarchie que servit le duc de Marlborough ? Tout comme les touristes déambulent aujourd'hui, guide en main, dans l'Orangerie ou la Galerie des Glaces, l'archéologue du futur examinera peut-être ce qui fut jadis Londres. Et peut-être inclinera-t-il à voir dans les ruines de Buckingham Palace une authentique expression de la monarchie britannique. Il suivra le tracé de la grande avenue menant d'Admiralty Arch à la grille du palais. Il reconstituera l'avant-cour et le balcon central, tout en songeant que c'était bien là ce qui convenait à un puissant souverain dont l'autorité s'étendait jusqu'à l'autre bout du monde. Même un Américain d'aujourd'hui pourrait être tenté de secouer la tête devant l'arrogance d'un George III vivant dans une telle splendeur. Mais on constate une fois de plus que les monarques vraiment puissants vivaient tous ailleurs, dans des bâtiments depuis longtemps disparus : à Greenwich, ou à Sans-Pareil, à Kenilworth ou à Whitehall. Ce fut George IV qui fit construire le palais de Buckingham, George IV dont l'architecte, John Nash, était responsable de ce que l'on qualifia à l'époque de « faiblesse caractérisée et de mauvais goût dans la conception ». Mais George IV, qui habitait Carlton House ou Brighton, ne vit jamais les travaux terminés ; pas plus que Guillaume IV, qui en ordonna l'achèvement. Ce fut la reine Victoria qui s'y installa la première en 1837, se mariant dans le nouveau palais en 1840. Mais son enthousiasme pour le palais de Buckingham fut de courte durée. Son mari aimait infiniment mieux Windsor et les préférences de la reine allèrent bientôt à Balmoral ou à Osborne. Si l'on veut être exact, c'est donc à une monarchie constitutionnelle fort récente qu'il faut associer les splendeurs de Buckingham. Elles datent d'une époque où c'était le Parlement qui détenait le pouvoir.

Il est donc naturel de se demander, au point où nous sommes parvenus, si le palais de Westminster, où siège la Chambre des Communes, est bien une authentique expression du régime parlementaire. Cet édifice représente incontestablement une fort belle réussite architecturale, admirablement conçue pour les débats et comprenant en même temps l'espace suffisant pour mille autres activités : réunions de commissions, paisibles études, rafraîchissement et (sur la terrasse) possibilité de prendre le thé. Il comprend tout ce que pourrait souhaiter un législateur au sein d'une construction à la fois digne et confortable. Il devrait donc dater — mais c'est à peine si l'on ose maintenant l'affirmer — d'une période où le régime parlementaire était à son apogée. Mais, là encore, les dates ne concordent pas. La première Chambre des Communes, celle où Pitt et Fox se livraient leurs duels oratoires, fut accidentellement détruite par un incendie en 1834. Elle était, semble-t-il, aussi célèbre pour son inconfort que pour la noblesse des débats qui s'y tenaient. L'édifice actuel fut commencé en 1840, partiellement occupé dès 1852, mais n'était pas encore terminé quand son architecte mourut en 1860. Il ne prit son aspect définitif que vers 1868. Or, et l'on ne peut plus désormais parler de coïncidence, on peut sans discussion faire remonter le déclin du Parlement britannique au Reform Act de 1867. Ce fut l'année suivante que toute l'initiative de la législation fut transmise du Parlement au Cabinet. Le prestige attaché aux deux lettres « M. P. » ne tarda pas à pâlir et désormais tout ce qu'on put dire, ce fut que « les parlementaires continuèrent à jouer un rôle dans le gouvernement, mais un rôle modeste ».

Les grands jours du Parlement étaient passés.

On ne pourrait pas en dire autant des divers ministères qui devaient acquérir de l'importance en fonction du déclin du Parlement. Cependant, des recherches sérieuses montreraient sans doute que l'India Office atteignit le summum de son importance quand il était installé au Westminster Palace Hotel. Mais, ce qui est plus significatif encore, c'est le récent développement du Colonial Office. En effet, si l'Empire britannique s'est surtout formé à une époque où le Colonial Office (dans la mesure où il existait) occupait des bureaux hasardeux de Downing Street, une phase nouvelle de la politique coloniale britannique s'ouvrit quand le ministère vint s'installer dans des bâtiments spécialement conçus pour l'abriter. Cela se passait en 1875 et l'édifice convint parfaitement pour abriter les désastres de la guerre des Boers. Mais le Colonial Office obtint un nouveau sursis lors de la Seconde Guerre mondiale. Tandis qu'il allait s'installer dans des locaux provisoires et fort incommodes de Great Smith Street — locaux cédés par l'Eglise anglicane et destinés à de tout autres usages —, la politique coloniale britannique entra dans cette phase de brillante activité qui prendra fin sans doute lorsque sera terminée la construction des nouveaux bâtiments qui se dresseront sur l'emplacement de l'ancien Hôpital de Westminster. Aussi est-il rassurant de songer que les travaux n'ont pas encore commencé.

Mais aucun exemple dans l'histoire anglaise ne peut être aussi révélateur que celui de la Nouvelle-Delhi. Nulle part les architectes britanniques ne se sont vu confier la tâche de concevoir une aussi grande métropole comme

THESE COMMODIOU
PREMISES
FOR SAL

siège du gouvernement pour une population aussi vaste. L'intention de fonder la Nouvelle-Delhi fut annoncée au durbar impérial de 1911, le roi George V se trouvant alors le successeur du Grand Moghol sur ce qui avait été le trône du Paon. Sir Edwin Luytens entreprit alors de tracer les plans d'un Versailles anglais, superbe dans sa conception, parfait dans les détails, majestueux dans son dessin et imposant dans ses proportions. Mais les diverses étapes qui approchaient ce projet de sa réalisation correspondirent à autant de dégringolades successives sur le plan politique. Le Government of India Act de 1909 avait été le prélude à tout ce qui suivit : l'attentat contre le vice-roi en 1912, la Déclaration de 1917, le rapport Montagu-Chelmsford de 1918 et la mise en application de ses conclusions en 1920. Lord Irwin s'installa dans son nouveau palais en 1929, l'année où le Congrès indien réclama l'indépendance, l'année où s'ouvrit la Conférence de la Table Ronde, l'année qui précéda le déclenchement de la campagne de désobéissance civile. Il serait possible, encore que lassant, de suivre toute l'histoire jusqu'au jour où les Britanniques finirent par se retirer, en montrant comment chaque phase de la retraite trouvait son exact parallèle dans l'achèvement d'un nouveau triomphe de l'architecture officielle. Si bien qu'en fin de compte, la Nouvelle-Delhi se présenta tout simplement comme un mausolée.

Le déclin de l'impérialisme britannique commença en fait avec les élections générales de 1906 et la victoire en cette occasion des idées libérales et semi-socialistes. On ne sera donc pas surpris d'apprendre que 1906 est précisément la date, gravée pour l'éternité dans le marbre, à laquelle fut terminé l'altier bâtiment qui abrite le War Office britannique. Peut-être la campagne de Waterloo avait-elle été préparée depuis des bureaux exigus alentour du terrain de manœuvre des Horse Guards. Ce fut, par contre, dans un cadre empreint de majesté que furent approuvés les plans pour le débarquement des Dardanelles.

L'édifice compliqué du Pentagone, à Arlington, en Virginie, incite à de semblables méditations. Les travaux ne furent terminés que vers la fin de la Seconde Guerre mondiale et, bien sûr, ce n'est pas là que fut conçue la grande victoire de 1945, mais dans les locaux minuscules et encombrés du Service des Munitions dans Constitution Avenue.

Aujourd'hui encore, comme peut le constater le visiteur le moins observateur qui se rend à Washington, les édifices les plus monumentaux sont ceux justement qui abritent des organisations aussi sommeillantes que les ministères du Commerce et du Travail, alors que les services plus actifs occupent des bâtiments inachevés. En fait, la plupart des tâches urgentes du gouvernement américain s'effectuent dans des constructions « provisoires » édifiées lors de la Première Guerre mondiale et habilement préservées en raison de leur effet stimulant sur l'administration. A deux pas du Capitole, le touriste remarquera aussi l'imposant bâtiment de marbre et de verre, siège du Syndicat des Conducteurs, terminé juste à temps pour que la lourde main d'une commission d'enquête du Congrès vînt s'abattre sur ses occupants.

Il n'est absolument pas sûr qu'un lecteur de cet ouvrage possédant quelque influence parvienne à prolonger la vie d'une institution moribonde en l'empêchant simplement de s'installer dans des locaux trop somptueux. Mais ce qu'il peut faire, c'est empêcher une organisation de s'étrangler toute seule à sa naissance. Les exemples abondent de nouvelles institutions venant au monde avec tout un cortège de directeurs adjoints, de conseillers et de chefs de service ; tout ce petit monde prenant place dans un bâtiment spécialement conçu à cet usage. Et l'expérience prouve qu'une pareille institution est condamnée à mort. Elle meurt étouffée par sa propre perfection. Elle ne peut prendre racine, faute de terre. Elle ne peut se développer naturellement, car elle a déjà atteint sa maturité. Stérile par son essence même, elle ne peut même pas fleurir. Quand on voit un exemple de ce genre de projet — quand on contemple, par exemple, l'immeuble conçu pour les Nations unies —, nous autres experts, nous ne pouvons que secouer tristement la tête, tirer le drap par-dessus le corps et nous éloigner sur la pointe des pieds.

LA LOI

16
La loi du vide

La première loi de Parkinson, qui régit les relations entre le travail et le temps, n'a jamais été contredite ni par la discussion, ni par l'expérience, la recherche ou la pensée. Une conclusion évidente s'impose, comme un corollaire de la théorie principale : le personnel de tout service administratif doit s'accroître en nombre dans une proportion connue qui ne tient pas compte du travail à effectuer (s'il y en a). De plus, dans le secteur public, il y a eu des exemples d'expansion dépassant de loin ce qui semblait être la norme. En général, la validité de la loi a été prouvée par des événements ultérieurs, mais il faut admettre certaines exceptions. Le fait est que la loi de Parkinson a eu son propre impact, ceux qui l'ont étudiée ayant trouvé le moyen de la circonvenir, comme ceux qui ont étudié attentivement *Le Capital* savent comment limiter l'expansion du marxisme. Il y a, en particulier dans les entreprises privées, des cas de prolifération administrative stoppée et même renversée. Une des plus grosses sociétés allemandes réduisit un jour les effectifs de sa direction centrale de 2 000 à 250. On est en train actuellement d'essayer de réduire les charges gouvernementales dans l'Etat de Californie. De tels événements ne se produisent pas quotidiennement, mais ils arrivent pourtant de temps à autre.

Ces exceptions confirment la règle, mais on pourrait objecter que la loi, bien que généralement admise, mérite une meilleure explication que celles avancées jusqu'à aujourd'hui. En fait, des études ont été faites au cours de ces dernières années, dont il ressort que la loi de Parkinson n'est qu'un des aspects d'une loi plus générale :

L'ACTION SE DÉVELOPPE POUR REMPLIR LE VIDE
CRÉÉ PAR L'ÉCHEC DE L'HOMME

Prenez un exemple spécifique. Un groupe industriel important en Angleterre se trouva entre les rênes d'un industriel si éminent qu'il obtint le titre de Lord. S'intéressant à l'usine principale, il remarqua que les services administratifs étaient dispersés dans le complexe tout entier, certains bureaux ayant été aménagés dans des baraquements provisoires en bois, d'un modèle datant de la Première Guerre mondiale, d'autres dans des locaux plus récents qui avaient peut-être été conçus à l'origine pour servir de hangars à bicyclettes. Il décida de rassembler tous ces bureaux sous un même toit, non pas dans le but d'assurer un meilleur rendement (ce ne fut pas le cas, comme on aurait pu s'y attendre), mais afin de réduire le montant total des impôts et des taxes locales dont il était redevable. Le nouveau bâtiment, révoltant par son modernisme, fut achevé et mis en service avec toute la pompe qui préside normalement à l'inauguration de n'importe quel immeuble, aussi hideux soit-il. Si l'organisation avait été parfaite, le couper du ruban devant l'entrée principale aurait coïncidé avec un coup de sifflet donné à l'intention des bulldozers qui auraient alors entrepris la démolition des anciens bureaux, dont le site aurait été rasé avant le coucher du soleil. Même un homme aussi remarquable que le directeur de l'usine avait oublié que les effectifs se multiplient toujours jusqu'à remplir tous les bureaux disponibles. Le jour de l'ouverture du nouveau bloc administratif, tous les nouveaux bureaux étaient occupés. Une semaine plus tard, tous les anciens bureaux, pourtant promis à la démolition, étaient aussi pleins qu'avant et avaient retrouvé leur activité habituelle. Une idée apparemment bonne avait eu des conséquences désastreuses, non pas tant à cause de l'argent dépensé qu'en raison d'une inefficacité accrue allant de pair avec l'augmentation des effectifs.

Le même principe général s'applique au drame de la « surenchère ». Nous avons tous entendu parler de ces sorciers de la finance qui terrorisent la Cité et accumulent de vastes fortunes en annexant, amalgamant et réorganisant des entreprises que nous considérions tous comme des monuments de solidité, mais qui en fait battaient de l'aile. A qui se fier, nous demandons-nous en voyant ces pirates écumer le marché des titres ? N'y a-t-il donc aucune loi qui puisse protéger les éventuelles victimes ? Mais, là encore, la faute réside à l'origine dans l'horrible complaisance de directeurs imposants qui ne réalisent pas à quel point leur position est devenue vulnérable. En partant tôt et en arrivant tard à leur bureau, ces hommes suffisants sont responsables de leur propre chute. Ils manquent d'esprit d'entreprise, ils sont inactifs, ignorants et vieux. Mais les entreprises qui manquent d'imagination et de dynamisme ont déjà commencé à décliner, et c'est le vide créé par ce déclin qui attire la surenchère, tout comme l'inertie interne est la cause du conflit industriel. L'usine qui a cessé d'être florissante est en fait en train de mourir. Tout cela peut sembler assez évident, mais nous remarquons rarement que cette vérité qui s'applique à des sociétés vulnérables s'applique également à toute forme de libre entreprise.

Nous décelons assez rapidement les pressions extérieures. Les pays communistes représentent une menace militaire, précédée par un processus plus insidieux d'infiltration. Les partis communistes ou semi-communistes nationaux représentent une autre forme de menace en exploitant le malaise industriel et les rouages rouillés du processus démocratique. Conscients de ces dangers, les

hommes d'affaires réagissent avec une indignation tardive, et protestent. Ce qui leur échappe, c'est qu'ils sont, du moins en partie, eux-mêmes responsables de cette situation.

Une institution est en déclin, que ce soit un pays, une université, un syndicat ou une entreprise, lorsque ses dirigeants se sont égarés, ont complètement oublié ce qu'ils étaient en train d'essayer d'accomplir. La création du vide est due à des causes fondamentales dont l'analyse nécessiterait non pas des pages, mais un livre entier. Si les causes sont obscures et complexes, les symptômes sont cependant flagrants et l'un d'entre eux est le manque de communication. Dieu sait qu'il y a d'autres symptômes, certains repérables sur un bilan, d'autres dans la triste histoire d'un mode de gouvernement fondé sur le déficit budgétaire, mais il convient d'insister sur ce que l'observateur le plus occasionnel doit repérer en premier lieu. Nous jugeons une société commerciale ou industrielle sur le charme et autres attraits de la fille qui est à la réception. Nous jugeons une université par la richesse et la variété des livres en vente à la librairie du campus ou dans les librairies des rues voisines. Nous jugeons une unité militaire par la manière dont ses officiers se comportent au mess. Mais nous jugeons de même n'importe quel type d'institution par le message qu'elle cherche à communiquer. Chaque bâtiment, par exemple, a un message à faire passer. Souvent rien de plus qu'un simple communiqué : « Nous voulions 10 % des dépenses. » Mais si un bâtiment exprime toujours quelque chose, que ce soit du domaine du sordide ou du banal, un organisme omettra souvent cette fonction, et c'est ce que nous appelons un manque de communication.

La communication, dont dépend toute civilisation, implique la transmission entre les individus d'émotions, de faits, d'idées ou d'ordres. Pour réussir dans l'art de la communication il faut avoir le désir de communiquer, être capable d'inspirer confiance, avoir une idée précise de ce que l'on veut dire et, finalement, avoir un certain style. Nous devons réaliser que, si la plupart des gens veulent parler, peu d'entre eux ont quelque chose à dire. Ce que les hommes d'organisation disent, ou écrivent, ou font imprimer, ne veut souvent rien dire. C'est tout juste l'équivalent bureaucratique de ce que l'on appelle « brasser du vent ». Pour réussir dans l'art de la communication, il nous faut faire un grand effort et c'est tout d'abord d'un effort d'imagination qu'il s'agit. Il faut nous mettre dans la peau de ceux que nous cherchons à influencer, ce qui est, pour la plupart d'entre nous, la chose la plus difficile à faire.

Lors de la bataille de Balaclava, pendant la guerre de Crimée, Lord Raglan envoya à Lord Lucan un message lui demandant d'attaquer l'artillerie ennemie. De l'endroit où il se trouvait, au sommet d'une colline, ce qu'il voulait dire était parfaitement clair. Mais, du fond de la vallée, Lord Lucan avait une vision différente du champ de bataille qui excluait les canons que Lord Raglan voulait reprendre à l'ennemi mais englobait en revanche des batteries auxquelles il ne s'intéressait nullement. Sur les ordres de Lucan, Lord Cardigan chargea dans cette direction à la tête de la Brigade Légère, qui fut entièrement détruite. Il faut ici souligner que Lord Raglan, qui avait de nombreuses qualités, manqua totalement de l'imagination nécessaire pour visualiser le champ de bataille, vu d'un angle différent et, à dire vrai, d'un niveau différent. Ce genre d'erreur se répète tous les jours et c'est toujours la conséquence d'une incapacité à appréhender la situation du point de vue de l'autre.

Si l'on a le désir de communiquer et un peu d'imagination, encore faut-il s'assurer que les gens nous croiront et accepteront nos promesses. Il ne sert à rien de dire : « Croyez-moi. Faites-moi confiance. » Seuls les politiciens disent ce genre de choses. Il est fatal de demander : « Douteriez-vous de mon intégrité ? », car c'est une phrase que seuls les escrocs utilisent. La confiance n'est pas une chose que l'on peut exiger. Il faut la gagner au cours des années par un processus qui peut s'enclencher dès la première rencontre. L'accord final se conclut entre amis. La même règle s'applique à l'échelon de l'industrie. La crise que nous cherchons à éviter est celle qui, sans notre intervention, éclaterait d'ici cinq ans. Pour l'enrayer dès son apparition, nous abordons le sujet aujourd'hui en parlant non pas inégalités de salaire mais courses, pêche, musique ou échecs. Une fois que l'on s'est imposé comme ami, on peut continuer à faire la preuve que l'on est un homme digne de confiance.

Et ce n'est que lorsqu'une relation propice a été établie que l'on peut formuler le message à transmettre. Dans chaque cas, le message sera différent. Mais supposons, avec optimisme, que l'on sache exactement ce qu'il faut dire. Comme dans n'importe quelle entreprise, le message doit être personnalisé. Mais quand l'industrie tout entière est concernée, trois messages doivent être répétés avec insistance. Premièrement, les gens doivent se souvenir que l'industrie a créé le monde dans lequel nous vivons — le monde de l'automobile, de la machine à écrire et de la radio. Deuxièmement, il faut rappeler que l'argent ne peut être dépensé qu'après avoir été gagné. Troisièmement, que si le secteur tertiaire offre des possibilités d'emploi, cela n'est pas la justification de son existence. Compte tenu de tout cela, il ne faut pas oublier que la communication est un processus à deux sens et que la réaction du public doit être comprise et analysée. Lorsqu'une délégation syndicale vient se plaindre, c'est un signe d'échec. Nous aurions dû être déjà informés du problème. Nous aurions dû être les premiers sur le terrain.

Venons-en maintenant à l'importance du style, qui est l'empreinte de notre personnalité sur ce que nous avons à faire ou à dire. Tout discours, tout message, véhicule une certaine image de vous. Aussi précis et cerné qu'il soit, il doit aller au-delà de cette précision et de cette brièveté. Il provient d'une personne identifiable et non d'un responsable sans visage. Il faut éviter les mots longs et les formules contournées. Les mots courts sont les meilleurs, chacun d'eux ayant l'impact d'un coup de marteau et non celui d'une poignée de boules de coton. Enfin, il ne faut pas oublier une touche d'humour. Cela rend le message plus humain. Cela capte l'attention et, par-dessus tout, cela aide la mémorisation. Le secret de l'humour, utilisé délibérément comme instrument ou comme média, est d'associer la plaisanterie au message de telle manière qu'ils soient indissociables dans la mémoire des auditeurs. Cela n'est pas aussi facile qu'il y paraît et le succès qui ne découle pas de l'inspiration implique des heures et des heures de travail.

Pourquoi la communication est-elle absolument vitale pour l'industrie ? Parce que c'est là un autre exemple de l'importance du vide. Si nous ne donnons pas notre propre version des faits, cela sera fait par d'autres et largement à notre désavantage. Dans le monde d'aujourd'hui, il y a une pléthore d'informations qui circulent sur n'importe quel sujet. Les gens sont submergés de faits, de théories et d'opinions dans tous les domaines, que ce soit par le biais du discours, de la presse écrite ou de la radio et de la télévision. Aucun groupe industriel ne peut se permettre de s'entourer de mystères ou trouver une dignité particulière dans le silence. C'est cette réticence qui le rendra vulnérable à des allégations aussi diverses que les mauvais traitements subis par les ouvriers ou la pollution de l'atmosphère, le gaspillage des sous-produits ou la corruption des autorités locales. Ce n'est pas non plus en niant les accusations qu'on sauve la situation. Ce genre de protestation ne sert qu'à attirer davantage encore l'attention sur tout ce qui a pu être proféré contre nous. Mais c'est notre faute. Nous avons créé le vide dans lequel toutes ces inepties se sont engouffrées. Les fausses informations sont parfois délibérées, inspirées par des motivations confuses, le désir d'humilier, le désir de mettre à nu la stupidité d'autrui, le désir de prouver que nous ne sommes pas responsables du désastre inévitable. Dans ce type de situation, la volonté de communiquer est absente. Néanmoins, le plus souvent, la volonté est là. C'est l'imagination qui manque.

Ce genre d'expérience nous conduit à la conclusion que le vide dans les affaires humaines peut être plus important que nous n'avons été amenés à le soupçonner jusqu'à présent. Un politicien avisé évoqua un jour les vents changeants et un homme bien plus grand, vivant à une époque antérieure et bien plus importante de notre histoire, opposa la brise printanière bénéfique et la tempête qui n'apporte que destruction dans son sillage. C'est l'ouragan qui semble avoir emporté le toit d'une maison. Mais il n'en est rien. En réalité, le toit a été aspiré par le vide qui s'est formé à contrevent. Dans les affaires humaines, le vide joue un rôle tout aussi significatif et non moins vital pour passer inaperçu aussi fréquemment. Nous avons été induits en erreur par les historiens qui nous racontent comment les révolutions ont été déclenchées par des paysans affamés complotant une révolte contre leurs maîtres. Mais ceux qui sont réellement oppressés ne se révoltent jamais et toute révolution qui semble résulter d'un mécontentement aurait dû, si l'on accrédite cette version des faits, éclater beaucoup plus tôt lorsque les choses allaient encore plus mal. Les tyrans prospèrent et ce sont leurs successeurs bien intentionnés qui doivent faire face au peloton d'exécution. En d'autres termes, nous avons tort de perdre du temps à analyser le complot et nous devrions plutôt concentrer notre attention sur le gouvernement renversé. Parler de la souffrance réelle ou supposée des déshérités est sans rapport avec le sujet parce que chaque révolution est en fait engendrée par le gouvernement lui-même, par les hommes qui ont créé le vide dans lequel les révoltés sont engagés presque malgré eux. Les régimes occidentaux actuels seront-ils un jour renversés par des coups d'Etat ? C'est tout à fait vraisemblable, mais nous aurions tort de nous demander si les forces armées des nations occidentales ont de tels projets. Il n'en est rien, mais si cela était le cas, cela serait sans grande signification. Il faut plutôt s'intéresser aux ministres et à leur entourage immédiat. Leur inaptitude est-elle suffisante pour susciter le vide par lequel une autre force sera attirée ?

Ce qui est vrai à propos de stabilité ou d'instabilité interne ne l'est pas moins en ce qui concerne la politique étrangère. Nous avons tendance à blâmer une nation agressive pour avoir provoqué une guerre et, dans un certain sens, nos critiques peuvent être fondées. Mais que faut-il penser de l'infortuné pays qui est envahi ? Son rôle dans le déclenchement de la guerre a probablement été beaucoup plus déterminant. Il n'est peut-être pas à blâmer moralement mais il a créé la situation par laquelle une guerre est devenue inévitable. La conquête du Mexique nous édifie bien davantage sur la faiblesse de l'empire aztèque que sur la résolution et le courage des Espagnols, même s'il faut admettre que Cortès possédait l'une comme l'autre. Les empires s'écroulent sous le poids de leur propre décadence et des dirigeants qui ne sont coupables d'aucun crime particulier sont la cause du désastre : ils ont péché par omission. Un régime efficace a une ligne de conduite, une force d'impulsion, une couleur et une rapidité d'action. C'est l'absence de ces caractères positifs, comme ce fut sans doute le cas dans la Russie tsariste, qui créera inévitablement le vide.

Si l'Occident est appelé à survivre, il doit prendre des mesures d'unification, ce qu'il a manifestement omis de faire jusqu'à aujourd'hui. Mais son échec, si échec il y a, se révélera à Bruxelles et à Washington et non sur les frontières menacées ni même dans les pays qui s'accrochent désespérément à un statut de souveraineté qu'ils ne sont plus en mesure de maintenir.

TABLE DES MATIÈRES

TACTIQUE

STRUCTURE

LA LOI

ACHEVÉ D'IMPRIMER
LE 19 SEPTEMBRE 1983
SUR LES PRESSES DE
L'IMPRIMERIE HÉRISSEY
A ÉVREUX (EURE)
POUR LES ÉDITIONS
ROBERT LAFFONT

N° d'imprimeur : 32940
N° d'éditeur : K 133
Dépôt légal : Octobre 1983
Imprimé en France